KB141859

런정페이, 경쟁의 지혜

[화웨이(전자 · 통신)**]**

런정페이, 경쟁의 지혜

초판 1쇄 발행 | 2016년 11월 15일

저 자 | 장위
번 역 | 이호철
펴낸곳 | 도서출판 린
편 집 | 박은주
디자인 | 박무선
교 정 | 손지숙
마케팅 | 오중환
관 리 | 김소영
주 소 | 경기도 고양시 일산동구 장항동 776-1번지 로데오 메탈릭타워 405호
전 화 | (02) 305-0210 / 306-0210 / 336-0204
팩 스 | (031) 905-0221
전자우편 | dga1023@hamnail.net
홈페이지 | www.bookdaega.com

ISBN   979-11-87265-06-1 04300
        979-11-87265-03-0 (세트)

〈사진 출처〉
연합뉴스, Wikimedia Commons(AlexHe34, AsFits, Bboy1990, Bjoertvedt, Brucke-Osteuropa,
cellanr, Christine und Hagen Graf, EEIM, Florian Adler, John Stroject, Julien Min GONG, Kippelboy,
Luis Garcia, Olaf Kosinsky, Open Grid Scheduler, Ordercrazy, polickr, TechStage, The Conmunity,
1Veertje)

런정페이, 경쟁의 지혜

Ren Zhengfei
LESSONS FROM BATTLE

차 례

1

경쟁의 첫걸음, 선택의 용기

이 세상에는 활력이 넘치고 열정이 충만하여 언제 어디서나 시장경쟁이라는 살벌한 무대에 나설 준비가 되어 있는 사람이 있다. 반면, 모험을 두려워하고 우유부단하며 기회가 찾아와도 성공의 기회를 헛되이 스쳐 보내는 사람들도 적지 않다. 물론 실속 있게 내실을 다지면서 한 걸음, 한 걸음 신중하게 자신의 사업을 위해 분투하는 사람들도 있다.

기회는 항상 있지만, 성공은 오로지 기회를 포착할 줄 알고 용기를 내어 그 기회를 잡을 줄 아는 사람에게만 주어진다. 물론 그렇다고 해서 기회만 잡으면 곧 성공한다는 말은 아니다. 그러나 선택의 용기가 없고 기회가 찾아왔을 때 그 한 걸음을 내디딜 줄 모른다면, 성공 가능성은 제로일 수밖에 없다.

성공을 이룬 시대적 배경

기회는 곧 도전이다. 1980년대의 심천(深圳)은 희망으로 가득 찬 신흥도시로, 수천수만의 영웅호걸들이 중국 전역에서 이곳으로 모여들었다. 그들이 어디에서 왔든, 어떤 배경을 갖고 있든, 어떤 생각을 하고 있든, 그리고 자신의 미래에 대해 어떤 기대치를 갖고 있든 그들에게는 하나의 공통점이 있었다. 그들은 모두 자신의 노력을 통해 성공을 이룰 수 있기를 꿈꾸었고, 역사를 창조하고 새로운 세계를 열어나갈 포부와 희망에 부풀어 있었다는 것이다.

그러나 꿈을 이룬다는 것은 결코 쉬운 일이 아니었다. 오랜 시간 동안 잔혹한 경쟁을 견뎌내야만 비로소 성공의 희열을 맛볼 수 있었다.

● 런정페이와 화웨이의 시작, 심천(深圳)

중국의 광둥 성(廣東省) 중부에 있는 도시이다. 광둥 성과 홍콩의 경계를 이루며, 홍콩을 찾는 여행객들이 중간에 들르는 곳이기도 하다. 1980년에 경제 특별 구역으로 설정되어 공업이 급속도로 발전하였다. 심천은 '선전'을 우리 한자음으로 읽은 이름이다.

경쟁은 패배자를 도태시키는 동시에 진정한 성공자를 가려낸다. 런정페이(任正非)와 그가 만들어낸 화웨이(華爲)가 바로 그런 성공신화의 한 예이다.

런정페이는 평민 출신으로, 43살까지 평범한 인생을 살았다. 1987년 그는 심천의 한 허름한 공장에서 이름 없는 보따리 회사인 화웨이를 설립했다. 그 후 약 10년의 세월을 거치면서 아무에게도 알려지지 않았던 '화웨이'는 기적 같은 발전을 거듭하였다. 화웨이는 매출액 220억 위안, 순이익 30억 위안의 세계 전자업계 100대 기업으로 성장하였으며 자산은 1000배로 늘어나 중국

● 중국의 다국적 회사, 화웨이

1987년 런정페이가 설립한 중국의 다국적 회사이다. 통신 장비 연구 개발 및 제조, 마케팅을 전문으로 하며 네트워크 및 통신 장비와 서비스를 공급한다. 2012년 이후 해마다 30퍼센트씩 성장을 거듭하며 이동통신 장비 사업자인 에릭슨을 뛰어넘었으며, 2014년 세계 최대의 장비 제조사가 되었다. 처음에는 기지국, 라우터 등 이동통신 설비를 주로 만들었지만, 그 후 사업 영역을 점점 확대하여 스마트폰뿐만 아니라 중고급형 태블릿 기기들도 출시하고 있다.

내 동종업계의 선두주자로 자리매김했다.

2000년 개인자산이 5억 달러로 추정되는 런정페이는 〈포브스〉
가 선정한 중국 부호 랭킹 3위를 차지했다. 2004년 〈포브스〉는
미국을 제외한 세계 최대 민영기업 100위 순위를 발표했다. 이
발표에서 화웨이는 27억 달러의 영업수익으로 79위를 기록하며
순위에 이름을 올린 유일한 중국 기업이 되었다.

중국의 심천에 있는 화웨이의 건물 모습   ▷출처: Wikimedia Commons

런정페이, 경쟁의 지혜

이 모든 것은 런정페이가 가진 경쟁의 지혜와 폭넓은 시야를 방증해 주고 있다. 그로부터 몇 년이 지난 후 런정페이는 화웨이의 설립은 겁 없는 행동이었다고 자조적으로 말했다. 하지만 기회와 도전이 병존하는 시대에 당당한 모습으로 살벌한 경쟁무대에 나선다는 자체만으로도 런정페이의 남다른 안목을 보여준 것이라고 할 수 있다.

화웨이의 설립, 런정페이의 우연한 걸작

개혁개방이 갓 화두로 떠오를 무렵, 가난을 극복하고 부를 창출하는 것은 모든 중국인들의 염원이었다. 개혁개방 정책은 중국 땅을 온통 들끓게 했고 천재일우의 기회 앞에서 중국인들은 너도나도 발 빠른 움직임을 보였다. 개혁개방은 그 무렵의 심천 거리를 기회와 희망으로 가득 차게 만들어 주었다.

1982년 쓰촨(四川)에 있던 부대에서 제대하고 심천에 온 런정페이는 심천 서커우(蛇口)의 난유(南油)사에서 2년 동안 근무했다. 난유 그룹에서 근무하는 기간 동안 런정페이는 새로운 근무 환경에 적응하는 데 어려움을 겪었다. 그는 군인 출신으로, 과감히 도전하고 고난을 이겨나가는 근성은 있었지만 상품에 대한 경제 의식이 미비했고, 절대 복종만이 법이라고 생각하는 강한 군인의식은 조직 내에서 런정페이가 성장하고 발전하는 데 좋은 영향을 미치지 못했다.

그러나 군인 특유의 인내심과 강한 의지력은 결국 런정페이의 성공에 밑거름이 되어주었다. 심천 난유 그룹에서 근무할 당시 런정페이는 사장에게 출사표를 내밀고 난유 그룹 산하의 지사를 직접 경영하겠다는 의지를 보였지만 승인받지 못했다. 그 뒤 그는 독립하여 전자제품 무역을 야심차게 시작했으나 군인식의 솔직한 태도 때문에 100만 위안을 사기당하고 사업을 접게 되었다. 얼마 후 런정페이는 다시 전자회사를 설립했지만 수익이 잘 나지 않아 계속 어려움을 겪다가 결국 회사 문을 닫고 말았다.

거듭되는 실패로 재산이 바닥나고 취업의 길도 막막했던 런정페이는 또 한 번 모험을 선택할 수밖에 없었다.

1987년 10월, '화웨이'라는 이름을 가진 기업이 심천에 등장하였다. 오늘날 화웨이는 이름이 쟁쟁한 기업으로 성장했지만, 잡초로 우거진 심천만(深圳灣)의 두 칸짜리 작은 방에서 시작될 당시의 화웨이는 매우 미미한 존재였다. 단돈 약 2만 위안이 전부였던 이 보따리 회사는 SPC 교환기, 화재경보기, 공기부양 장치의 개발과 생산 및 관련 공사의 도급을 주요 업무로 하여 운영되었다. 초창기의 2년 동안 화웨이는 주로 홍콩의 HAX 교환기 대리판매를 통한 차익으로 돈을 벌었다.

화웨이의 설립 초기, 런정페이는 부모님, 조카와 함께 십여 평방미터 되는 집에 살면서 베란다에서 밥을 해먹으며 어렵게 생활했다. 부모님은 생활비를 절약하기 위해 늘 저녁때 시장에서

● 화웨이의 비전

화웨이의 비전은 통신을 통하여 인류의 삶을 풍요롭게 만드는 것이다. 화웨이는 ICT 분야에서 쌓은 경험과 전문성을 극대화함으로써 지리적 위치에 구애되지 않고 누구든지 브로드밴드 서비스를 누릴 기회를 제공하여 사람 간의 디지털의 차이를 줄이고 있다. 또한 화웨이는 사회, 경제, 환경의 지속가능한 발전에 기여함으로써 전력 소모, 이산화탄소 배출, 자원 비용을 절감할 수 있는 친환경 솔루션을 만들어 내고 있다.

화웨이의 EP680V2 제품들이다. ▷출처: Wikimedia Commons

● 화웨이의 디바이스

화웨이는 자사의 디바이스로 정보 진입 장벽이 무너진다면 모든 사람들이 정보의 중심에 설 수 있고, 이 세상은 더 나은 세상이 될 수 있다고 믿고 있다. 화웨이의 휴대전화와 모바일 브로드밴드 디바이스, 홈 디바이스 등은 화웨이가 지속적인 혁신을 통하여 사용자 친화적인 모바일 인터넷 경험을 제공하는 데 기여하였다. 이것은 화웨이가 항상 고객에 집중해 왔다는 증거이기도 하다. 정보통신업계에서 20년 동안 거둔 성공과 채널 전문성, 운영 역량과 글로벌 파트너 자원을 기반으로 화웨이는 대기업에 수백만 개의 장비를 공급하던 회사에서 한 걸음 더 나아가 수백만 소비자들에게 직접 개별 장비를 판매하는 B2C(기업 대 고객) 브랜드로 진화하였다.

값이 싼 채소를 사왔다.

이러한 상황에서 화웨이의 설립은 런정페이의 무모한 선택이라기보다 가난에 쫓겨 막다른 골목에 이른 부득이한 선택이라고 할 수도 있다. 그는 어려운 가정형편에 절박감과 압박감을 느끼며 마침내 통신업계에 발을 들여놓게 된 것이다.

당시 중국의 교환기 시장은 아직 외국회사가 천하를 호령하는 형국이었다. 대형 교환기와 사용자의 단말기는 대부분 외국의 대기업이나 그 대기업의 중국 내 합자기업들이 제공하고 있었다. 그와 더불어, 국내시장에서의 교환기 수요량은 엄청났는데, 외국으로부터 수입된 제품만으로는 부족하여 공급이 수요를 충족시키지 못하고 있었다. 대리판매 업무만 취급하면 큰 위험부담 없이 일정한 고정수익을 챙길 수 있는 상황이었다.

그러나 런정페이는 대리판매 사업에 만족하지 않았다. 그는 중국에서 자신만의 브랜드를 창출하리라는 꿈을 품고 창업의 길에 올랐다.

화웨이는 설립 초기 홍콩 모 회사의 교환기 대리판매를 통해 종잣돈을 챙겼다. 당시, 중국 내 교환기 기술은 백지 상태와 다

모바일 월드 콩그레스(Mobile World Congress) 2015 바르셀로나에서 선보인 화웨이
Mate 7 ▷출처: Wikimedia Commons

화웨이의 U9500 Ascend D1
▷출처: Wikimedia Commons

화웨이의 Honor 6
▷출처: Wikimedia Commons

런정페이, 경쟁의 지혜

름없었다. 런정페이는 교환기 기술의 중요성을 포착하고 화웨이의 모든 자산을 기술 연구 개발에 쏟아부었다. 오로지 한 우물만 판 런정페이에게 좋은 결과가 나타나기 시작했다. 화웨이에서 연구하고 개발한 C&C08 교환기는 기능 측면에서 동종 제품에 뒤지지 않으면서 가격 측면에서는 해외의 동종 제품들보다 3분의 2 정도 저렴했다. 이 점이 화웨이에게 엄청난 시장을 열어주었다. 독자적인 연구 개발이라는 책략은 화웨이가 큰 위험을 감수하게 하였지만 화웨이가 선두주자로 달릴 수 있는 기술적 토대를 마련해 주었다. 또한 화웨이가 향후 동종업계에서 우뚝 설 수 있었던 튼튼한 바탕이 되어주었다.

그러나 시장 여건은 생각처럼 낙관적이지 않았다. 그 당시, 국제적인 통신 기업들이 모두 중국에 진출한 반면, 화웨이는 이제 막 발을 들여놓은 새내기에 불과했다. 국내시장은 곧바로 치열한 경쟁에 돌입했고, 국제적인 통신기업에서는 막강한 재력을 앞세워 대폭적인 가격인하 전술을 실시했다. 화웨이는 심각한 경쟁에 직면하게 되었다.

그러나 런정페이는 기적을 창조해냈다. 1994년 11월, 화웨이는 다중화기(DSLAM)를 출시했고 제1회 중국 국제전신설비 전시회에서 성공을 거두었다. 그해 화웨이의 매출액은 처음으로 1억 위안을 돌파하였고 순이익 천만 위안을 달성하였다.

다중화기의 출시에 힘입어 화웨이는 뜻밖의 복병으로 등장했고 규모를 꾸준히 확대해갔다. 1996년 화웨이의 내수시장 매출

H3C(옛 화웨이–쓰리콤) 무선 네트워크 장치 ▷출처: Wikimedia Commons

런정페이, 경쟁의 지혜

액은 26억 위안에 달했다. 중국 내 동종업계에서 앞서 나가던 화웨이는 국제시장으로 눈길을 돌리기 시작했다.

1996년 화웨이는 홍콩시장에 진출하였고 1997년에는 러시아에, 1998년에는 인도에, 2000년에는 중동과 아프리카에 진출하였으며 2002년에는 미국 상륙에 성공했다. 2003년 화웨이는 해외시장 진출을 기본적으로 완성했다.

시장은 곧 전쟁터다. 지혜와 담력과 패기를 앞세운 런정페이는 어려움에 정면으로 맞서 앞으로 나아갔으며, 탁월한 식견과 평범함을 뛰어넘는 지략으로 마침내 화웨이가 국제 거두들이 호시탐탐 노리는 포위망을 뚫고 나올 수 있게 했다.

깊은 물에 큰 물고기가 산다

런정페이는 일찍이 자조적으로 이렇게 말했다. 무식함이 자신을 통신설비라는 세계적으로 경쟁이 가장 치열한 각축장으로 내몰았다고 말이다.

1980년대 중기 중국의 전화 보급률은 0.5퍼센트에도 미치지 못했고 기존의 고정전화망 설비는 바야흐로 전통적인 기계교환

화웨이의 기술 CEO가 마다가스카르 정부에 장기적인 협력과 지원에 대한 연설을 하고 있다. ▷출처: Wikimedia Commons

식으로부터 디지털화로 전환되고 있었다. 당시 중국시장의 제품들은 다양한 국가로부터 수입되었는데, 각양각색의 교환기들은 서로 다른 표준을 사용하여 상호 지원되지 않아 중국의 통신시장은 혼란 상태에 빠졌다.

이러한 혼란 속에서 런정페이에게는 두 가지 선택의 길이 있었다. 하나는 당시 동일 업종에 진출한 대다수 사람들이 그랬던 것처럼 무역을 선택하는 것이었다. 당시 많은 사람들은 모두

SPC 교환기 장사만 했다. 그들은 홍콩이나 타이완에서 다양한 교환기들을 세관을 통해 수입한 다음, 다른 곳으로 넘겨 판매하거나 자사의 상표를 붙여 팔아서 이익을 챙기고 있었다.

그러나 런정페이는 위험성이 더 많은 다른 길을 선택했다. 그것은 바로 기술적으로 독립된, 민족의 첨단기술을 발전시키는 창업자의 길이었다. 그러나 그것이 말처럼 쉬운 일이던가?

당시의 통신업 상황을 살펴보면 물이 매우 깊고 큰 물고기가 서식할 조건이 구비되어 있었다. 어떻게 이 깊은 물속에 있는 대어를 낚을 것인가? 이것이 바로 런정페이의 남다른 선택이었다.

화웨이의 설립과 동시에 런정페이는 초라한 집에 틀어박혀 앞으로의 사업을 구상하고 미래의 청사진을 그리기 시작했다. 런정페이는 담대하게도 "세계적인, 선두적인 전신설비 공급업체로 거듭나리라."는 목표를 세웠다. 이런 상상조차 하기 어려운 목표를 설정함으로써 그는 '미치광이'라는 별명을 갖게 되었다.

1991년 12월에 이르러 화웨이가 개발한 BH-03 교환기는 드디어 모든 기본기능 테스트를 통과했다. 1991년 12월 31일 저녁, 화웨이의 전체 직원들은 의미 있는 날을 맞아 축하연을 열고 간단한 음식을 즐기며 화웨이의 지적재산권과 브랜드를 가진 첫 제품의 출시를 자축했다. 1992년 화웨이의 제품은 대량으로 시장에 흘러들었고 생산 가치는 단숨에 1억 위안을 돌파했다. 순이익은 천만 위안을 웃돌았고 직원 수도 100명을 넘어섰다.

런정페이는 실제로 전자통신업계에서 대어를 낚았다. 그러나 그가 직면한 도전과 잔혹한 경쟁은 갓 시작 단계에 불과했다.

2

성격이 운명을 결정한다

런정페이를 유심히 살펴보면 그들 세대만의 공통된 성격을 찾을 수 있는데, 이것은 비슷한 환경과 경험이 그들 세대만의 개성을 만들어냈기 때문이다. 그러나 서로 다른 인생 경험은 개인의 서로 다른 성격도 형성시켰다.

외부에서는 런정페이를 솔직하면서 매우 개성 있는 경영자라고 평가한다. 그는 성격이 급하고 결단성이 있으며 매우 대처하기 어려운 적수이다.

그러나 그는 진솔하고 감정을 중요하게 여기며 사회적 책임감을 강조하고, 자신의 행동을 반성할 줄 알며 진보를 주장하는 빼어난 인물이다. 화웨이의 강력한 경쟁력 또는 화웨이가 오늘날 이룩한 크나큰 성공은 런정페이의 개인적인 매력과 따로 떼어놓고 생각할 수 없다.

다사다난한 인생, 가난했던 소년 시절

런정페이의 본적지는 저장(浙江)성 푸장(浦江)현이다. 1944년 런정페이는 구이저우(贵州)성 안순(安顺)구 전닝(鎮寧)현의 한 가난한 산간마을에서 태어났다. 런정페이의 할아버지는 소시지를 만드는 기술자였고 아버지의 형제자매들은 모두 학교를 다니지 못했다.

공부를 제대로 못한 런정페이의 부모님은 자녀에 대한 교육만큼은 열정이 넘쳤다. 중국에서 3년 동안 혹독한 자연재해가 계속되던 시기, 끼니도 잇기 어려운 시절이었지만 런정페이의 부모님은 쌀독을 긁어서라도 자녀들이 공부를 계속할 수 있도록 헌신적으로 뒷바라지해 주었다.

소년 시절, 런정페이의 집은 여전히 극도로 가난한 삶을 면치 못하고 있었다. 아홉 명의 대식구가 아버지의 적은 임금에 의지하여 근근이 살아야 했으며 그의 아버지는 고향의 부모님에게도 생활비를 보내드려야 했다. 얼마나 가난했는지 식구 여러 명이 이불 한 채를 같이 덮어야 할 정도였다.

런정페이는 자라면서 집에 있을 때 제대로 된 셔츠를 입어본 적이 없으며 날씨가 무더운 한여름에도 두툼한 겨울옷을 그대로 입고 벌벌 떨며 지내야 했다. 공부하는 자녀가 많았기 때문에 학비를 내야 하는 개학 때가 돌아오면 런정페이의 어머니는 안절부절못하면서 여기저기 돈을 빌리러 다녀야 했지만 돈을 빌리기도 쉽지 않았다.

이러한 어려운 형편 속에서도 런정페이의 부모님은 이를 악물고 일곱 자녀들을 모두 학교에 보내고, 어느 누구도 학업을 중단하지 않도록 노력했다. 당시 사회 밑바닥의 삶을 살아야 했던 이들은 런정페이에게 재산이나 사업적으로는 도움을 줄 수 없었지만, 불타는 지식욕은 제대로 심어주었으며 자식들에게 아낌없는 사랑을 주었다. 이것은 훗날 런정페이가 명예와 이익을 담담하게 대하고 지식을 숭상하는 성격을 키울 수 있도록 도와주었다.

1960년 구이저우에는 심각한 기근현상이 나타났다. 이 기근은 고등학생이었던 런정페이에게 잊을 수 없는 기억을 남겨주었다. 런정페이의 가족들은 생존을 위해 백방으로 먹을거리를 찾아 헤매야 했다. 호박을 심고 야생과일을 따 먹고 풀뿌리를 삶아먹었으며 야박하기 이를 데 없는 찬식배분제(分餐制)의 어려운 고비를 이겨내야 했다. 런정페이는 부모님의 삶에 대한 끈질긴 의지와 뜨거운 자식사랑이 모든 가족이 살아남을 수 있었던 이유라고 생각했다. 런정페이는 온 가족이 생존의 위기에 몰렸던 당시를 떠올리며 다음과 같이 말하였다.

"이기적으로 생각하지 않으려는 저의 습관은 부모님으로부터 배운 것입니다. 화웨이의 성공은 저의 이러한 습관과 일정한 관계가 있을 것입니다."

바로 그와 같은 혹독한 굶주림을 이겨낸 세월이 런정페이에게 소박한 습관을 길러주었던 것이다.

세상 모든 가난한 집안의 뜻있는 아이들과 마찬가지로 런정페이는 부모님과 가족을 실망시키지 않았다. 그는 어려운 날들이 곧 지나가게 될 것이라고 믿었다. 대학입시를 앞둔 석 달 동안 어머니는 매일 아침이면 그에게 따로 자그마한 옥수수떡을 더 챙겨주며 그의 대학입시를 응원해 주었다. 19살 되던 해 런정페이는 부모님의 바람대로 충칭(重慶) 건축공정학원(현재 충칭대 학과 합병됨.)에 입학했다. 그러나 이 역시 런정페이의 집안에 큰 희망을 안겨주지는 못했다.

런정페이가 한창 대학에서 푸른 꿈을 키워가고 있을 무렵 중 국에서는 문화대혁명이 시작되었다. 교육계가 맨 처음으로 문화

● 문화대혁명(1966~1976)

1966년에 중국에서 시작된, 대규모 사상·정치 투쟁의 성격을 띤 권력 투쟁이다. 수정주의, 반당, 반사회주의자들을 철저하게 비판하였고, 마오쩌둥, 린뱌오 등은 학생 중심의 홍위병과 혁명 소조 등을 동원하여 류사오치 국가 주석 등 당과 행정부 간부를 자본주의의 길을 걷는 실권파로 몰아 처단하였다. 실권파란 중국의 문화 혁명을 전후한 시기에 문혁파와 대립한 정치 파벌을 말한다. 류사오치를 중심으로 정부와 당 기관에 많은 세력을 거느리고 있었으며, 실용주의적, 수정주의적 성향을 띠었다.

문화대혁명은 약 십 년 동안 린뱌오의 실각 등 내부적인 대립이 끊이지 않고 계속되다가 마오쩌둥이 사망한 후 1976년이 되어서야 막을 내렸다.

제2장 성격이 운명을 결정한다

대혁명의 피해를 입게 되면서 런정페이의 아버지는 외양간에 갇히는 신세가 되었다.

1967년 충칭에서 무력충돌이 심해지던 시기에 런정페이는 기차를 타고 부모님을 만나러 집으로 가는 길이었다. 가는 도중 그는 상하이 반란파들에게 잡혀 두들겨 맞고 결국 기차에서 내동댕이쳐졌다. 그는 부모님이 일하는 도시에서 내리지 못하고 한 정거장 앞에 내려 십여 리 길을 걸어서 밤중에야 집에 도착했다. 이렇게 힘들게 집에 도착했지만 런정페이는 부모님을 만난 기쁨도 제대로 나누지 못했다. 부모님은 런정페이가 집에 온 사실을 누가 알고 그를 해칠까 봐 이튿날 바로 학교로 돌아가라며 등을 떠밀었다. 떠날 시간이 다가오자 아버지는 자신의 낡은 신발을 벗어 아들에게 주며 신신당부했다.

"잊지 마라. 지식은 곧 힘이란다. 남들이 배우지 않아도 넌 배워야 한다. 어떤 어려움이 있더라도 포기하지 말고 배워야 한다. 대세를 따르지 마라."

런정페이의 기억에 따르면 충칭에 도착했을 때 충칭은 총탄이 비 오듯 쏟아지고 있는 상황이었다. 그러나 런정페이는 아버지의 말씀대로 어지러운 시국 상황에 흔들리지 않고 더 많은 시간을 들여 공부에 집중했다.

바로 그 몇 해 사이 런정페이는 컴퓨터, 디지털기술, 자동제어 등 여러 과목들을 독학으로 익혔다. 시안(西安) 교통대학의 교수들과 가깝게 지냈던 런정페이는 그들로부터 일부 등사한 책들을 빌려 볼 수 있었다. 그 외 그는 논리학, 철학에 대한 많은 책들을 섭렵했고 세 종류의 외국어를 혼자 열심히 공부하며 철저하게 익혔다.

소년 시절의 역경은 오늘날 어떠한 어려움도 이겨낼 수 있는 강인한 런정페이로 만들었다. 소년 시절의 어려운 생활은 런정페이를 또래보다 더 많은 인생을 경험하게 하면서 성숙된 인간으로 만들어 주었다.

런정페이는 가난한 집에서 태어난 것을 결코 수치로 여기지 않았다. 런정페이의 소박한 품성과 가난에 대한 생각은 그의 언행에서 잘 표현된다.

지금도 그는 가난을 딛고 일어서려는 사람들에게 더욱 많은 기회를 주곤 한다. 화웨이에서 가난한 학생들을 더 많이 채용하는 것은 그들이 고생을 두려워하지 않고, 일하면서 겪게 되는 수 많은 좌절과 어려움을 그 누구보다 잘 견뎌낼 수 있다고 믿기 때문이라고 한다. 훗날 그는 가난한 아이들을 위한 재단을 세워 가정형편이 어려운 학생들을 도와주었다. 런정페이는 갑부가 된 이후에도 줄곧 절약하는 습관을 유지하고 있으며 그의 생활은 늘 소박하여 사치와는 거리가 멀다.

● 도시의 청년들을 농촌으로, 빈하중농

빈하중농이란 도시의 지식인 청년들을 변방의 농촌으로 보내 재교육 하는 제도를 말한다. 이 제도는 마오쩌둥의 지시로 실시되었다. 빈하 중농 제도가 실시되어 농촌으로 보내졌던 사람들 중 권력자와 연줄이 닿지 않았던 사람들은 그대로 농촌에 머물었고, 간신히 도시로 돌아 온 사람들은 제도권 밖에서 생활을 하게 되었다. 결국 빈하중농 제도 는 교육이라는 핑계를 내세워 지식인들을 박해하기 위하여 만들어진 프로그램이었다.

군 생활, 격정으로 불타던 세월

졸업생 분배제도에 따라 런정페이는 1967년에 대학을 졸업하고 배치를 받아야 했다. 그러나 문화대혁명이 불러온 재난 속에서 1968년 6월이 되어서야 대학졸업생들은 비로소 배치를 받기 시작했다. 그해 졸업 배정은 지식청년들을 지방으로 내려보내는 기본 원칙에 따라 진행되었으며 졸업생들은 우선적으로 빈하중농 제도하에서 교육을 받으면서 노동을 해야 했다. 런정페이는 졸업하자마자 바로 군 입대를 신청했다.

1982년에 전역하기까지 런정페이는 인생의 황금 시기인 14년 세월을 군부대에서 보냈다.

군 생활은 런정페이에게 많은 것들을 가르쳐 주었다. 그의 성격 역시 오랜 군 생활과 깊은 관계가 있다. 군 생활을 하면서 런정페이는 하늘이 무너져도 끄떡하지 않는 단단한 마음을 길렀다. 그는 어떤 상장도 받아본 적이 없지만 그에 대하여 신경 쓰거나 실망하지 않았다. 런정페이는 다음과 같이 말한 적이 있다.

"전 상을 받지 못하는 평범한 생활에 습관화되어 있었습니다. 이것이 아마 제가 오늘날 허세에 들뜨지 않는 마음을 가질 수 있도록 해주었는지도 모르겠습니다."

런정페이는 자신을 방종으로 내몰지 않았기에 그 어렵고 혼탁한 세월 속에서도 줄곧 공부의 한길을 견지할 수 있었고, 군 생활을 하면서 뛰어난 과학 기술적 소양을 보여주며 많은 발명을 해낼 수 있었다.

개혁개방의 급물살을 타며 중국경제는 새로운 시대를 맞이했다. 1978년 3월 런정페이는 중국 과학대회에 참석했는데, 그때 그의 나이가 33세였다. 당시 그는 군 대표 중에서 보기 드문 민주인사였고 6천 명 대표 중 35세 이하 150명 가운데 한 사람이었다. 이것은 런정페이의 온 가족이 자긍심을 느낄 만한 사건이었다. 훗날 그의 아버지는 런정페이가 국가의 지도자들과 함께 찍은 사진들을 하나하나 모아 커다란 액자에 끼워 집의 벽에 걸어두었다.

14년 동안의 고된 군 생활은 런정페이에게 물질적 재부와 사업상의 도움을 주지는 못했다. 그러나 군 생활은 그의 신념에 커다란 영향을 주었고, 그의 마음에 강철 같은 의지와 행동력과 사회적 책임감을 심어주었다. 이것은 그야말로 한 사람의 일생에 영향을 주는 깊은 낙인이었다. 런정페이는 맥아더 장군이 군인들에게 요구한 3대 이념인 '책임, 명예, 국가'를 '책임, 명예, 사업, 국가'로 고쳐서 화웨이의 임직원들이 반드시 기억해야 하는 좌우명으로 만들었다.

런정페이가 정책을 결정하는 방식은 매우 간단하다. 그는 결코 많은 시간을 소모하면서 반복적으로 논증하지 않는다. 이유를 불문하고 필요한 부분을 지시하면 부하 직원들은 이를 집행하기만 하면 된다. 런정페이의 앞에서는 절대로 장황한 이유를 늘어놓으며 불가능하다는 말을 하지 말아야 한다. 물론, 집행과정에서 나타나는 문제에 대해 제때에 피드백할 수는 있다. 최선을 다하기만 하면 결과가 어떻든 런정페이는 항상 객관적인 평가를 내린다.

이와 같은 런정페이의 강한 리더십은 화웨이에서 막강한 호소력을 갖고 있다. 그의 말 한마디에 모든 사람들은 즉각 일사분란하게 움직이게 되고 직원들은 생각할 겨를도 없이 그의 말대로 행동하게 된다. 이런 번개 같은 집행력은 늘 경쟁자가 손쓸 틈도 없게 만들어 버린다.

런정페이는 항상 모든 직원들에게 반드시 회사의 각종 제도와 관리 방식을 엄격하게 준수해야 하며, 비합리적인 제도에 대해서도 개정되기 전까지는 철저하게 지킬 것을 명확하게 요구한다. 그는 이러한 방식으로 화웨이의 사상 통일과 행동 통일을 견인해 냈다.

이러한 런정페이가 있기에 화웨이는 대규모 직원대회를 열었을 때에도 대회장은 늘 조용한 분위기 속에서 청결하게 유지될 수 있었다. 대회가 진행되는 내내 휴대전화 벨소리조차 들을 수 없었고 행사가 끝난 뒤에는 휴지 한 장 발견할 수 없을 정도였다. 이런 세세한 부분에서 알 수 있듯이 화웨이의 성공은 런정페이가 군 생활을 통해 길러낸 능력과 그 생활 속에서 겪은 경험과 갈라놓을 수 없음을 엿볼 수 있다.

불혹의 나이에 시작한 창업

창업은 나이가 어릴수록 도전할 수 있는 기회가 더 많고 더욱 큰 폭발력과 실행력을 갖게 된다. 그에 비해 런정페이의 성공은 예외 중의 예외라고 할 수 있다. 창업할 당시 그의 나이는 이미

43세였다. 솔직히 너무 늦은 감이 있었기 때문에 그에게는 시간이 없었다. 43세에 새롭게 출발해서 도전한다는 것이 어디 말처럼 쉬운 일인가?

그러나 불혹의 나이가 되어서도 런정페이에게는 젊은이들의 패기와 예기가 그대로 살아 숨 쉬고 있었다. 그는 이를 악물고 가장 어려운 시기를 극복하면서 화웨이의 찬란한 오늘을 이끌어 냈다. 이것은 런정페이와 화웨이에게 남들에 비해 더욱 멋진 이야기가 있다는 것을 말해준다.

1991년 9월 화웨이는 심천의 바오안(寶安)현 하오예(蚝業)촌 산업단지 3층을 세내어 SPC 교환기 연구소를 세웠다. 약 50명의 젊은 직원들은 런정페이를 따라 이 낡은 공장부지에서 모험과 도전으로 충만된 창업의 길에 들어섰다. 바로 이곳에서 아직은 보잘것없이 미약하고, 심지어 살아남기 위해 허덕이는 화웨이의 운명이 시작되었다.

화웨이의 초창기 직원들은 바로 이곳에서 먹고 자고 일하면서 밖에서 비가 오는지 눈이 내리는지조차 몰랐다.

당시 건물 안에는 에어컨이 없었고 선풍기만 돌아갔다. 직원들은 뜨겁게 달아오른 기계 옆에서 땀을 비 오듯 흘리며 밤낮으로 작업하며 회로판, 교환대를 디자인하고 제작했다. 용접을 마친 회로도를 들고 소프트웨어 프로그램을 다시 작성하고 검사하고 수정한 다음 다시 검사했다. 지치면 담배 한 대 피우고 아프면 약을 먹었으며 너무 피곤하면 작업대에 엎드리거나 그대로 바닥에 쓰러져 쪽잠을 자고는 다시 일어나 일을 계속했다. 때로

중국의 심천에 있는 화웨이의 건물 모습　▷출처: Wikimedia Commons

런정페이, 경쟁의 지혜

는 한밤중에 자재가 도착하면 그 무거운 자재를 모두 옮겨놓고 다시 잠을 청하기도 했다. 특히 밤에는 모기가 매우 많아서 당직을 서는 직원은 기기를 포장했던 비닐주머니 안에 들어가 구멍 몇 개를 뚫어 숨구멍만 내놓고 잠을 잤을 정도였다.

이러한 악조건에서 런정페이는 거의 매일 현장을 뛰어다니며 생산과 개발 속도를 점검하고 회의를 소집했으며 직면한 어려움에 대해 연구하며 각종 문제들을 해결했다. 식사 시간이면 런정페이와 회사의 임원들은 길가의 음식점에서 함께 식사하곤 했는데 그때마다 그 가운데 최고위급 임원이 지갑을 열어 모두에게 밥을 사주었다.

이러한 어려운 세월을 지나 10년 뒤 화웨이의 연간 매출액은 약 200억 위안에 달했고 회사의 본사는 심천 룽강반톈(龙岗坂田) 화웨이 산업단지로 옮겨졌다. 화웨이는 창업의 어려운 날들을 이겨왔던 것이다.

이렇게 인생의 쓴맛, 단맛을 겪을 대로 겪은 영혼은 가장 깊숙한 밑바닥으로부터 최정상에 올랐다. 최정상에서 보이는 사건과 사람, 사물은 남다른 이면이 있다. 런정페이는 늘 기업, 시장, 환경의 발전에 따라 사물의 본질을 꿰뚫는 미문을 쏟아내면서 회사와 전략과 사람 됨됨이를 말하곤 한다. 평범함을 뛰어넘는 이런 시각이 바로 화웨이의 남다른 무기로 작용하고 있는지도 모른다.

3

기술, 시장 그리고 고객

인류가 기술을 창조하고 사용하기 시작한 것은 생존의 기본적인 욕구로부터 출발한 것이지만, 오늘날의 기술은 더 넓은 의미에서의 사람들의 요구와 욕망을 충족시키기 위한 것이며 이는 거대한 사회구조가 밑받침되어야 한다.

최근 몇십 년 동안 상업사회의 발전과정에서 기술은 언제나 제1 생산력의 역할을 해오며 끊임없이 새로운 제품들을 제공해주었다. 기술은 인류의 생활방식을 변화시킬 뿐 아니라 시장의 경쟁구도도 움직이고 있다.

화웨이의 설립 초기부터 런정페이는 끊임없이 독자적인 연구개발을 해왔고 늘 직원들에게 이렇게 일깨워주곤 했다.

호수 풍경이 아름다운 화웨이 본사 행정관리 센터   ▷출처: Wikimedia Commons

"핵심기술을 장악하는 것은 화웨이의 생명입니다. 화웨이의 목표는 기술을 핵심경쟁력으로 10퍼센트 이상의 제조업 이익률을 창조하는 것이며 기술로 선도하면서 이익을 점차 확대시키는 것입니다."

독자적인 혁신과 개발을 진행하고 선진기술이라는 핵심경쟁력을 갖추며 기술과 제품으로 경쟁우위를 형성하여 시장을 점령한다. 이것이 바로 런정페이가 줄곧 견지하고 있는 경쟁전략이

런정페이, 경쟁의 지혜

● 세계 곳곳에 있는 화웨이의 연구 개발 센터

화웨이는 상위 50위의 정보통신 운영사들 가운데 35개 회사에 납품하고 해마다 그해 매출의 10퍼센트를 연구 개발(R&D)에 투자한다. 이렇게 연구 개발을 중요하게 생각하는 화웨이는 다수의 연구 개발 센터를 보유하고 있다. 중국 내에서는 심천(선전), 베이징, 상하이, 시안, 난징, 청두, 우한 등에 연구 개발 센터가 위치해 있다. 이와 더불어 미국의 댈러스와 실리콘 밸리, 스웨덴의 스톡홀름, 러시아의 모스크바, 인도의 벵갈루루, 아일랜드의 오펄리 페르번(Ferbane), 인도네시아의 자카르타, 그리고 네덜란드의 베이헌(Wijchen) 등 세계 곳곳에 연구 개발 센터를 가지고 있다.

특히 화웨이는 2016년 6월 프랑스 지역에 수학 연구 센터를 구축했다. 화웨이는 프랑스 학계와의 긴밀한 협력과 정보통신기술 혁신을 이끌 학문 연구 생태계의 활성화를 목적으로 이번 연구 센터를 구축했다고 밝혔다.

중국 선전에 위치한 화웨이의 연구 개발 센터 ▷출처: Wikimedia Commons

런정페이, 경쟁의 지혜

다. 런정페이는 자신이 시장의 어느 위치에 서 있으며 자신의 경쟁지역이 어디인지를 분명히 알고 있다. 또한 런정페이는 어떠한 경쟁우위를 활용하여 자신과 화웨이의 입지를 굳혀야 하는지를 알고 있으며 얼마나 큰 영역에서 발전을 도모해야 하는지도 잘 알고 있다.

그러나 어떻게 자신의 기술적인 단점을 장점으로 승화시키고, 지속적으로 확대되고 있는 기술우위를 시장 경쟁력으로 전환시키며, 고객으로부터 신용과 신뢰를 얻어 최종 이익을 창출할 것인가 하는 것은 일련의 경쟁전략을 어떻게 현실 속에서 집행하느냐 하는 문제이다. 기술이 기업의 생산력이 되고 기업의 생명이 되게 하려면 현실 속의 시장경쟁에서 맞수를 이겨내야 하고 자신의 기술적 단점을 장점으로 승화시켜 진정으로 상업 가치를 창출해내야 한다.

기술 발전을 통해 세계 일류를 꿈꾸다

런정페이는 기술 연구 개발의 어려움을 직접 겪어왔다. 1991년부터 1992년까지 화웨이는 교환기 대리판매로 벌어들인 모든

'본전'을 반기계화, 반 디지털화 입문급 제품인 JK1000의 연구 개발에 쏟아부었다. 이것은 화웨이의 첫 번째 대규모 연구 개발이었다. 그 당시 런정페이는 화웨이의 연구 개발에 대한 비장한 마음으로 다음과 같이 말했다.

"이번 연구 개발에 성공한다면 우리 모두에게 발전이 있을 것입니다. 하지만 실패한다면 나는 이 옥상에서 뛰어내릴 수밖에 없습니다."

이 말에서 우리는 당시 런정페이가 기술 연구 개발에 대하여 얼마나 고집스러웠는지를 알 수 있고, 화웨이가 연구 개발을 얼마나 중요시했으며 연구 개발을 통한 기술우위로 어려움을 헤쳐 나가고자 하는 절박한 심정을 읽을 수 있다.

중국에서 화웨이는 창업 초기부터 혁신을 중요시한, 몇 안 되는 기업 중의 하나이다. 런정페이는 혁신을 기업의 영혼으로 생각하고, 기업이 핵심경쟁력을 만들어내고 기업의 핵심경쟁우위를 유지할 수 있는 매우 중요한 요인이라고 인식하고 있었다. 이러한 혁신에 대한 인식을 바탕으로 런정페이는 기술 연구 개발에 대한 거액의 자금 투입을 주저하지 않았으며 심지어 "매출액의 10퍼센트는 기술 연구 개발 경비로 한다."라는 문구를 1998년 출범한 '화웨이 기본법'에 적어 넣기까지 했다. 이것은 일정한 이익을 유지하는 수준에서 기업의 성장을 극대화하려는 런정페이의 의도로 해석할 수 있다.

런정페이가 이끄는 화웨이는 스스로 실력이 부족함을 알고 있었기에 전면적인 추월을 시도하지 않고 핵심 네트워크 기술의 발전에 집중하여 기술 연구 개발에 모든 힘을 쏟아부었다. 화웨이는 핵심 네트워크의 소프트웨어와 하드웨어 중에서도 가장 핵심적인 부분을 파악하고 자신의 핵심기술을 형성하였다. 그리고 화웨이는 런정페이의 추진력과 직원들의 전면적인 협력을 바탕으로 자신의 핵심분야에서의 선도능력을 꾸준하게 발전시켰다. 런정페이는 기술적인 측면에서의 독자적인 연구 개발과 핵심기술 보유를 일관되게 주장하였다.

"핵심기술을 보유하고 그 외의 기술들을 공개한다면, 기업은 더욱 빠르게 성장할 수 있고 인위적인 속박에서도 벗어날 수 있습니다."

인위적인 속박에서 벗어나는 것이 바로 런정페이가 달성하고

자 하는 목표였다. 런정페이는 기업이 치열한 시장경쟁에서 인위적인 속박으로부터 벗어나야만 더 큰 무대가 펼쳐지게 될 것이고 더욱 큰 자주권을 획득하게 될 것이라고 생각했다.

화웨이는 JK1000의 연구 개발에 성공한 뒤 곧바로 2000라인 디지털 SPC 교환기 연구에 착수했다. 화웨이뿐만 아니라 당시의 중국 내 같은 업종의 생산업체들도 화웨이의 움직임을 포착하고 2000라인 교환기 연구에 착수하기 시작했다.

그러나 화웨이는 2000라인 디지털 SPC 교환기를 연구 개발하는 동시에 1만 라인 교환기 프로젝트팀도 구성했다. 1993년 화웨이는 2000라인 인터넷용 대형 교환기 설비 C&C08을 출시하고 1994년 잇따라 1만 라인급 C&C08을 출시했다. 이러한 앞선 기술 책략은 화웨이가 기술적인 분야에서 장기적으로 선도적 지위를 유지하도록 해준 동시에 회사의 실적이 빠르게 성장할 수 있도록 했다.

오랜 기간 동안 화웨이의 고위층은 밤낮으로 쉬지 않고 일하면서 거의 명절이나 휴가도 없이 근무했다. 모든 부서 담당자들은 24시간 휴대전화를 켜두어야 했고 언제 어디에서나 수시로 발생하는 문제들을 해결해 나갔다.

화웨이는 세계적인 대기업처럼 수십 년간 축적한 시장 위상이나 인맥, 브랜드를 갖고 있지 않았기 때문에 믿을 만한 요소가 하나도 없었다. 그래서 다른 기업보다 더욱 열심히 뛰고 남들이 커피를 마시며 잡담하거나 운동을 하며 여유를 즐기는 시간에도 일과 사투를 벌여야만 했다.

화웨이는 바로 이러한 선도적인 기술 책략과 일에 대한 열정과 집착으로 막강한 경쟁자들과의 격차를 좁혀 나가 마침내 그들을 따라잡고 앞서 나갈 수 있었다.

2004년 12월 8일은 화웨이에게 매우 중요한 날짜로 기억되고 있다. 그날 세상은 런정페이의 선택이 정확했음을 인정했던 것이다.

이날 유럽시장에서 첩보가 날아왔다. 화웨이가 네덜란드 이동통신 운영사인 텔포트(Telfort)에 제3세대 네트워크를 구축해주기로 했다는 내용이었다. 이것은 화웨이가 유럽과 맺은 첫 번째 계약이었다. 가치가 수억 유로에 달하는 이 계약을 따냈다는 것은 화웨이의 회장인 런정페이의 말을 인용한다면 화웨이가 글로벌 모바일 솔루션업체로 거듭나는 길목에서 중요한 발전을 가져왔음을 의미한다.

약 반년 동안의 고된 여정을 거쳐 화웨이는 에릭슨, 노키아 등 거의 모든 세계 일류 설비 공급업체들을 물리쳤다. 텔포트사가 최종적으로 화웨이를 선택한 중요한 원인은, 화웨이의 유럽 업무를 담당하는 연구 개발 센터가 텔포트의 업무수요에 가장 신속하게 반응하여 텔포트가 융통성이 있는 차별화 경쟁전략을 펼칠 수 있도록 도와주었기 때문이다.

● 스웨덴의 세계적인 이동통신장비 업체, 에릭슨(Ericsson)

1876년 4월 라르스 마그누스 에릭슨이 설립한 세계적인 이동통신장비 업체이다. 일렉트로룩스, 스카니아, 사브, ABB 등과 함께 스웨덴의 최대 그룹인 발렌베리 그룹의 계열사이다. 1856년 오스카 발렌베리가 스톡홀름의 엔스킬다 은행을 창업한 것을 시작으로 약 160년의 오랜 전통과 역사를 이어오고 있는 스웨덴의 대표적인 기업집단이다. 발렌베리 그룹의 계열사인 에릭슨은 20세기 후반 정보통신 혁명의 시기에 이동전화 사업을 주도한 기업 가운데 하나이다. 1990년대 말에는 모토로라에 이어 세계 2위의 휴대전화 제조업체로 명성을 떨쳤다.

화웨이는 유럽에 4개의 연구 개발 센터와 1,100명의 팀원을 보유하고 있다. 그중 75퍼센트는 현지 채용 인력으로 이들은 30개 나라에서 온 사람들이다. 자원을 집중시킨 직접적인 효과는 바로 이와 같은 연구 개발 부서의 **빠른 반응 능력**이다. 연구 개발팀의 **빠른 반응 능력**은 이미 화웨이가 해외시장에서 승리할

● 휴대전화 1위 핀란드의 기업, 노키아

1865년 핀란드의 프레드리크 이데스탐이 설립한 통신장비, 컴퓨터 소프트웨어 기업이다. 노키아라는 회사 이름은 1871년 노키아 강(Nokianvirta)의 이름을 따서 지었다. 1910년대 말에는 회사가 거의 파산 지경에 이르렀지만 핀란드 고무회사에 전력을 공급하는 업체로 인수되어 위기를 넘겼다. 1960년 통신장비 시장에 진출하였고, 1984년 휴대전화를 처음 선보였으며, 1992년 GSM 방식을 적용한 휴대전화를 출시하여 성공했다. 그 후 1998년 모토로라를 누르고 세계 휴대전화 시장 1위 자리에 올라 그 후 2011년까지 약 13년 동안 휴대전화 시장에서 부동의 1위 자리를 지켰다. 그러나 변화하는 스마트폰 시장에 대한 대응이 늦어지면서 휴대전화 사업부를 마이크로소프트사에 매각한 뒤 네크워크 분야를 중심으로 사업을 재편성하였다.

수 있는 비결 중의 하나가 되었다.

시장이 없으면 연구 개발도 없다

화웨이가 오늘날 이룩한 성공은 기술을 앞세운 지혜로운 선택 외에도 또 다른 한 가지 중요한 이유가 있다. 바로 시장에서의 마케팅 실력이다. 사람들은 화웨이가 오랜 시간 동안의 힘겨운 연구 개발을 통해 비로소 기술적으로 앞서가고 있음을 잘 알고 있다. 아주 오랫동안 화웨이의 제품과 기술은 좋다고 할 만한 정도가 못되었지만 화웨이의 마케팅 담당자들은 이 변변찮은 제품을 불타나게 팔고 있었다. 따라서 업계에서는 화웨이를 두고 '일류의 마케팅, 이류의 서비스, 삼류의 제품'이라는 말이 유행하고 있었다.

런정페이는 창업 초기 툭 털면 나오는 것이 먼지밖에 없었다. 그의 성공은 바로 마케팅에서 시작되었다. 그는 다른 기업의 제품을 대리판매하면서 차곡차곡 '루트'를 마련해 나갔다. 어느 정도 루트와 능력이 확보된 후 그는 팀을 구축하고 독자적으로 제품을 개발하였다. 자사의 제품이 개발되고 막강한 시장 마케팅

팀이 뒷받침되자 화웨이는 더욱 많은 자금을 축적하게 되었고, 더 훌륭한 팀을 구성할 수 있게 되었으며, 더욱 좋은 제품들을 많이 개발하여 고객들에게 판매할 수 있었다. 화웨이는 바로 이와 같이 없던 것으로부터 있게 되고, 작은 것으로부터 크게 되며, 약한 것으로부터 점점 강대해졌는데, 이 모든 것의 원천은 바로 마케팅이었다.

막강한 마케팅 능력에 힘입어 화웨이는 시장을 장악할 수 있었고, 소중한 자금을 마련할 수 있었으며, 더 많은 자원을 연구 개발에 투자하여 제품과 기술을 꾸준하게 개선할 수 있었다. 제품의 품질, 가격대성능비와 기술함유량 등의 개선은 다시 시장의 발전을 촉진시키면서 훌륭한 양성순환을 형성하였다.

중국 자본시장이 활성화되면서 적잖은 창업기업들은 제대로 설립되지도 않은 상황에서 대량의 벤처투자 자본을 연구 개발에 투입하고 있다. 이는 화웨이의 초창기와 전혀 다르다. 당시 런정페이는 자금이 부족했기에 시장에 기대어 조심스럽게 연구 개발을 진행했다.

화웨이가 처음으로 독자적인 연구 개발의 길을 걸을 당시, 런정페이는 유행을 따라 국소용 교환기나 더 선진적인 기술을 개발하려고 시도하지 않고 착실하게 사용자 교환기의 최말단 모델부터 개발 사업에 착수했다. 화웨이의 연구 개발팀도 사정에 알맞게 여섯 명의 인력으로 시작했다. 화웨이는 독자적인 연구 개발을 진행함에 있어 돌다리도 두드려보고 건너는 식으로 하나의 제품을 잘 만들어내어 개발에 성공하고 돈을 번 다음, 다른 몇 가지 모델을 시험해보곤 했다. 그 배후에는 제품의 성패를 가늠하는 기준이 있었는데, 그것이 바로 시장이었다. 시장은 어느 제품이 성공하고 어느 제품이 실패하느냐를 늘 정확하게 판단해 주었다.

런정페이는 대학에서 정보통신학을 전공하지 않았다. 그러나 그는 화웨이를 이끌고 독자적인 연구 개발을 진행하는 과정에서 매우 핵심적인 역할을 했는데, 그 역할은 바로 연구 개발 지원에 대한 모든 책임을 짊어진 것이었다. 물론 이것뿐만이 아니다. 그는 프로젝트 매니저, 마케팅 매니저, 인력자원관리, 재무 등 다양한 직책을 맡으면서 연구 개발 프로젝트를 성공적으로 이끌었다.

화웨이가 처음으로 독자적인 연구 개발의 걸음마를 뗄 때 런정페이가 맡았던 직책들은 화웨이의 통신제품과 기술 연구 개발 프로젝트의 성공을 견인하는 핵심적인 역할을 했다. 런정페이는 시장의 가치를 읽어내고 무턱대고 기술 개발에만 목을 매지 않았다. 화웨이가 당면한 현실을 분명하게 인식한 런정페이는 가치를 창조할 수 있는 마케팅팀을 활용하여 연구 개발팀을 지원했다.

설립 초기, 화웨이의 당시 기술력으로는 최대 24라인 사용자 교환기의 연구 개발만이 가능했다. 그러나 홍콩 훙녠(鴻年)사는 200라인, 500라인 교환기 개발도 가능했고, 공급이 수요를 따라가지 못하는 상황으로 반년 전에 계약금을 지불하고 주문해야 할 정도였다. 화웨이는 '대리판매+독자적인 개발'이라는 판매와 개발을 결합한 방법으로 '생존 제일'이라는 런정페이의 핵심이념을 지켜 나갔다.

화웨이는 이미 중국시장에서 훌륭한 성과를 거두었다. 그리고 국제화 전략을 실행할 수 있는 충분한 실력을 쌓은 뒤 국제시장에 첫발을 내디뎠다. 국제시장을 개척하기 시작할 당시 화웨이는 이미 중국 내 최대 통신기업으로 부상해 있었다. 매년 매출액은 수십 억 위안에 달했고, 중국 내 4천 명의 직원을 보유하였으며, 일부 제품들, 예를 들어 SPC 교환기는 이미 세계적인 선진 기술 수준에 이르렀고, 그 외 다른 제품들도 상업적인 가치를 갖추어 화웨이의 탄탄한 제품군을 형성하고 있었다. 이 모든 것은 중국시장에서의 성공이 밑거름이 되어주었기 때문에 가능한 일이었다.

기술 연구 개발과 고객의 요구 사이의 모순은 거의 모든 업종, 모든 기업이 피해갈 수 없는 모순이다. 이러한 모순의 본바탕은 과학적 탐구정신과 대중의 현실적 수요 사이의 천연적인 장벽이다. 기업이 과학적 성과와 대중상품 사이의 가교 역할을 하려면 반드시 이러한 모순을 잘 조율해야 한다.

화웨이도 기술의 완벽성을 추구하다가 상업기회를 잃은 적이 있다. 이런 경험을 교훈으로 삼은 화웨이는 변화를 시도했다. 기술에서 시장으로 착안점을 돌리고 새로운 기술로 고객들의 요구를 충족시켰다. 화웨이는 세계 최첨단 기술을 겨냥하여 일류의 연구 개발팀을 구축하지만 '팔리지 않는 세계 최첨단 기술'은 개발하지 않았다. 런정페이는 화웨이가 연구하고 개발하는 기술은 반드시 남보다 반걸음 앞서야 한다는 기준을 세웠다.

한때 화웨이의 연구 인력들은 앞서가는 기술만을 강조했다. 그 결과 기술의 발전만 지향하다 보니 기술 개발이 기술 놀이가 되어버렸고, 기술에 대한 연구 개발이 시장을 이탈하면서 회사의 생산품 가운데에서 심각한 수준의 불량품들이 속출하는 상황에 이르렀다.

이러한 현상을 발견한 런정페이는 문제점을 즉시 바로잡았으며 기술 인력은 기술에 대한 고집을 버리고 상인이 되어야 한다고 강조했다. 런정페이는 불량품들을 전부 단상에 올려놓고 디자이너들의 유치한 병으로 인해 초래된 화웨이의 위기 상황에 대하여 긴 연설을 하였다. 그리고 그 불량품들을 실수를 범한 디자이너들에게 상으로 주고 각자 집에 놓고 수시로 보면서 반성하도록 했다.

고객이 만족해야 좋은 제품이다

새 제품이 갓 출시되었을 때 화웨이의 직원들은 흥분을 느끼면서도 한편으로는 걱정했다. 당시 업계에서 화웨이를 아는 사람은 매우 적었고, 화웨이를 이해하고 있는 사람은 더더욱 적었다. 그러나 화웨이 직원들의 밤낮을 가리지 않는 열정과 고객에 대한 정성으로 화웨이의 시장은 점차 생기를 띠게 되었다. 하지만 일부 외부인들이 화웨이의 지칠 줄 모르는 노력과 열정을 생각하지 못하고 화웨이의 발전에 대해 이해하지 못하면서 오해가 생기기도 했다. 물론 진실을 아는 사람들은 그 이유를 잘 알고 있었다. 당시 내부 실정에 밝은 한 정부 관리는 화웨이를 대변하여 이렇게 말하였다.

"화웨이의 마케팅 직원들은 1년에 500개 지역을 뛰어다닙니다. 그들이 이렇게 뛸 때 당신들은 무엇을 했습니까?"

당시 사람들의 뇌리에 각인된 화웨이의 마케팅 직원들의 이미지는, 기기를 메고 프로젝터와 배낭을 짊어진 채 끊임없이 오지의 산길을 걷는 여행자들이었다.

오늘날 사람들은 화웨이의 시장은 초창기의 화웨이인들이 '신자의 신앙심' 같은 마음으로 조금씩 일궈낸 것임을 잊었을지도 모른다. 그러나 런정페이는 잊지 않고 있다. 어렵게 이룬 성과에 대해 런정페이는 늘 화웨이 직원들에게 충고를 잊지 않는다. 런정페이가 늘 강조하는 '고객의 가치를 유일한 평가기준으로'라는 말의 의미는 회사의 모든 움직임은 고객의 만족도를 평가척도로 삼아야 한다는 것이다.

연구 개발에 대한 혁신에서 런정페이의 이념은, 제품의 호불호에 대한 판단은 반드시 고객이 해야 하며 고객이 만족해야만 비로소 좋은 제품이라고 말할 수 있다는 것이다. 반대로 제품이 아무리 기술적으로 훌륭해도 고객이 만족하지 않는다면 절대 좋은 제품이라고 할 수 없다. 따라서 화웨이에는 '기술의 시장화, 시장의 기술화'라는 연구 개발 이념이 형성되었다.

"고객의 요구에 주목해야 고객을 만족시킬 수 있다."는 경영 이념 아래 화웨이는 고객만족도 설문조사를 자주 진행하여 정보를 수집하고, 고객의 의견을 화웨이가 나아가야 할 방향으로 설정하고 노력하고 있다.

모든 노력을 고객의 이익으로부터 출발시켜 일심전력으로 고객을 위해 가치창조를 실천한다면 고객은 결코 당신의 노력을 헛되게 하지 않을 것이다. 이러한 화웨이의 일관적인 사업 방식

화웨이 캐나다의 모습　▷출처: Wikimedia Commons

네덜란드의 남서부 보르뷔르흐(Voorburg)에 위치한 화웨이 지사

▷출처: Wikimedia Commons

런정페이, 경쟁의 지혜

은 바로 고객을 위해 모든 것을 불사하는 것인데 이것은 경쟁자들이 골머리를 앓게 만들었다. 특히 창업 초기 화웨이의 임직원이 경쟁사의 고객을 '꾀어내어' 화웨이를 견학하게 한 일은 업계의 전설로 남아 있다. 또한 화웨이는 고객의 이익에 피해를 주지 않기 위해 2000년 네트워크 설비의 전원에 문제가 생겼을 때 약 20만 개에 달하는 메인보드를 회수하거나 교체해주었다. 지난 일들을 돌이켜보면서 런정페이는 이렇게 말한다.

"우리는 전체 직원에 대한 급여 삭감을 통해 회사를 지탱해왔고, 헌신적인 노력으로 우리의 잘못을 바로잡아 왔습니다. 그리고 마케팅 담당자들은 집을 떠나 머나먼 타지에서 해외시장 개척에 나서면서 가정생활을 포기해 왔습니다. 우리는 위아래 모두 함께 협력하고 와신상담하면서 오늘의 화웨이를 만들어냈습니다."

화웨이는 연구 인력들에 대하여 다음과 같은 규정을 정해 놓았다. 그 규정은 해마다 반드시 5퍼센트의 연구 인력들이 마케팅 인력으로 전환되고 일정한 비율의 마케팅 인력들이 연구 개발 인력으로 전환되어야 한다는 것이었다. 이것은 연구 인력들

화웨이의 기술로 구현된 HD 감시 시스템　▷출처: Wikimedia Commons

이 기술 개발에만 몰두하면서 시장에 대한 반응에 둔해지는 것을 막기 위해서였다. 훗날 화웨이 내부에는 이러한 불문율이 생겨났다. '기술 개발을 포함한 모든 것의 출발점은 시장 수요'라는 것이다. 이것은 화웨이의 실적을 나날이 향상시켰으며, 화웨이는 아직까지 그 혜택을 받고 있다. 사실 시장에서 성공한 화웨이의 대부분 제품들은 기술의 선진성이 가장 중요한 핵심인 제품이 아니었다.

대리판매업체 출신인 화웨이는 고객을 매우 중요시하여 판매 시스템에 고객 매니저라는 직책이 있다. 고객 매니저의 주된 업무는 제품을 판매하는 것이 아니라 고객과의 관계를 유지하고 고객에게 최상의 서비스를 제공하며 고객의 만족도를 높이는 것이다.

화웨이의 창업사를 돌아보면, 화웨이 설립 당시는 교환기가 극도로 부족하고 국내 설비 공급업체가 비어 있는 시점이었다. 국가의 신용대출 긴축정책이 실시되면서 자금줄이 끊긴 대리판매업체들은 더 큰 자금 위험성을 감수하며 독자적으로 교환기를 연구 개발할 용기가 없었다. 그러나 화웨이는 그러한 위험성에도 불구하고 연구 개발에 뛰어들었다.

독자적인 연구 개발을 위주로 하고 핵심기술 보유를 토대로 런정페이는 폭넓은 기술연맹을 제안하여 기존의 선진기술을 흡수거나 본보기로 삼거나 인수하는 등 다양한 방법을 충분히 활용하여 개발 비용을 절감하고 개발 주기를 단축하였다. 런정페이의 말을 인용한다면 이러한 방식을 통해 화웨이는 '자사의 우위를 한 단계 높이고 우위가 더욱 우위를 차지하게 했다.'라고 평가한다.

화웨이는 통신설비 공급이라는 전략적 산업을 고수했다. 그들은 스스로의 우위가 무엇인지를 잘 알고 있었으며 그 우위를 한 단계 높이는 방법도 찾아냈다. 그들은 통신설비라는 업종에서 시장의 수요를 찾아내야 한다는 것을 잘 알고 있었다. 그들은 자신이 어떤 제품을 만들어야 하고, 그 제품을 어떻게 시장에 투입시켜 시장의 평가를 받아야 하며, 고객이 어떻게 그들의 제품과 서비스를 받아들이게 할 것인지를 잘 알고 있었다.

런정페이, 경쟁의 지혜

4

시장은 생사대결의 전쟁터

　화웨이는 첨단산업 기업으로 까다로운 고객과 막강한 경쟁자들을 상대하고 있다. 런정페이가 화웨이를 설립할 초기, 한쪽은 중국 내 동종업계의 경쟁자들이었고 다른 한쪽은 세계적인 대기업들이었다. 이러한 현실 앞에서 화웨이는 신중한 계획과 충분한 준비를 통해서만 비로소 승산이 있었다.

　런정페이는 시작 단계부터 중국시장만 고려한 것이 아니라 자신의 안목과 경쟁의 무대를 세계적인 범위로 확대시켰다. 런정페이는 앞을 내다보는 탁월한 책략가였다. 그의 목표는 시장에서 약간의 점유율을 차지하는 것이 아니었다. 그의 마음속에는 보다 큰 야심이 꿈틀대고 있었다. 화웨이가 중국 국내시장에서조차 입지를 굳히지 못하고 있을 때 런정페이는 이미 화웨이를 글로벌 회사로 성장시킬 목표를 세우고 탐색에 나섰다. 런정페이의 생각은 분명했다. 런정페이의 생각은 전기통신업의 저조기가 도래하기 전에 전략을 조정하여 기동전으로 한파를 견뎌내고, 사업 방향을 국내에서 해외로 돌려 생존과 발전을 도모하는 것이었다.

강적은 피하고 약자를 공격하라

초창기의 화웨이는 중국 국내의 경쟁업체와 비교해도 별다른 우위가 없었다. 자금, 기술, 인력 등 모든 면에서 충분하지 않았기에 막강한 경쟁자와의 정면대결은 계란으로 바위치기였다. 따라서 런정페이는 간접노선 전략을 펼쳐 경쟁업체가 의아해할 만한 고객관계를 만들어냈다. 이것은 화웨이의 역사상 가장 기묘하고도 논쟁이 많은 계책이다.

전략적으로 가장 먼 길로 우회하는 것이 목적지에 이르는 가장 가까운 지름길이기도 하다. 처음 화웨이는 강적과의 정면충돌을 피하기 위해 우회적인 방식으로 한 걸음씩 나아가 시장을 점령했다.

당시 화웨이는 각 지역의 사용자들과 수많은 합자기업을 설립했다. 예를 들면 현지의 전신관리국과 공동으로 설립한 선양(沈陽) 화웨이, 청두(成都) 화웨이, 안후이(安徽) 화웨이, 상하이(上海) 화웨이 등이다. 그러나 비록 합자기업을 설립했으나 화웨이는 제품, 특히 기술적으로 우수한 제품을 투입하지 않았다. 합자기업들의 역할이란 주문계약을 하고 대금을 결제하는 것에 불과했다. 심지어 현지의 이동통신업체와 정부가 투자하여 합자회사를 설립하는 자금도 화웨이가 먼저 지급하기도 했다. 이러한 방식으로 화웨이는 판매를 촉진했고 장기고객을 확보할 수 있었다. 런정페이는 판매 촉진과 장기고객 확보를 통하여 중국 내 시장경쟁에서 입지를 굳혔다.

1999년 오랫동안 전신설비 제조에 전력을 기울인 화웨이는 중국에서 최초로 독자적인 디지털제품인 접속서버를 출시했다. 시장공략에 능한 화웨이는 1년 내에 새로 증가된 중국 접속서버 시장의 70퍼센트를 차지했고 그 뒤를 이어 라우터, 이더넷 등 주류 디지털제품에까지 손길을 뻗쳤다. 2002년, 중국 라우터,

화웨이의 RH2288H V2 랙 서버 ▷출처: Wikimedia Commons

교환기 시장에서 화웨이의 점유율은 시스코를 바짝 따라왔으며 시스코의 최대 경쟁자로 부상했다. 부분적인 승리가 화웨이에 흥분제를 주입한 것인가? 화웨이는 용왕매진하는 자세를 유지하기만 하면 글로벌 시장에서 백전백승할 것이라고 생각했다.

그러나 세상사에서 순풍에 돛 단 듯 쉽게 이루어지는 일이 얼마나 될 것인가? 시장경쟁의 과정은 길고도 험난했다. 치열한 시장 환경에 직면하자 런정페이도 시인할 수밖에 없었다.

"화웨이는 집 앞에서 글로벌 경쟁에 맞닥뜨렸고 무엇이 진정

런정페이, 경쟁의 지혜

세계적으로 선진적인 것인지를 알게 되었습니다. 우리는 경쟁 속에서 경쟁의 법칙을 익혔고 경쟁에서 승리하는 방식을 배웠습니다."

가난한 생활의 고난과 사업 실패로 인한 좌절을 몸소 겪으면서 기업이 당면한 위기에 특히 민감했던 런정페이는 화웨이의 근본적인 목표를 다음과 같이 세웠다.

"살아남아야 한다!"

화웨이는 우선 생존해야 했고 생존을 위해서는 반드시 시장을 점유해야 했다. 그렇지 않을 경우 모든 것은 물거품으로 돌아갈 수밖에 없었다.

1994년 화웨이가 연구 제작한 C&C08 교환기는 주요 경쟁자인 ZTE(中興), 쥐룽(巨龍), 창훙(長虹) 텔레콤에 비해 뒤처졌지만, 1994년 하반기에 출시한 대용량 기기 C&C08C는 경쟁업체들보다 앞섰다. 화웨이의 연구 개발의 발전과 더불어 화웨이의 연구 개발 인력도 급속도로 증가했다. 연구 인력은 전체 직원의 46퍼센트를 차지했고 거의 100퍼센트가 본과 졸업 이상의 학력을 갖고 있었다. 2005년 1월까지 화웨이에는 1만 명이 넘는 연구 인력들이 연구에 매진하고 있었다. 우수한 연구 개발 인력의 집결은 화웨이의 신속한 기술 발전을 이끌었다. 화웨이는 연구 개발의 발전을 위하여 선전, 베이징(北京), 상하이, 난징(南京), 시안(西安), 항저우(杭州), 청두 등 여러 도시에 11개의 연구소를 설립하였다.

● 중국의 다국적 전기통신 장비 및 시스템 기업, ZTE

1985년 중국 항공우주부 소속 국유기업에 의해 설립된 회사로 전자 제품을 제조한다. ZTE는 중국의 다국적 전기통신 장비 및 시스템 기업으로 본사는 선전 시에 위치해 있다. ZTE의 주요 제품으로는 무선 전화 교환기, 접속, 광전송, 데이터 전기통신 전동 장치, 전기통신 소프트웨어, 휴대전화이다. 스트리밍 비디오, 주문형 비디오와 같은 부가가치 서비스를 제공하는 제품도 있다. ZTE는 주로 자체 이름으로 제품을 판매하지만 일부 제품들은 다른 브랜드의 이름으로 만들어지고 판매되는 OEM 형식을 취하기도 한다.

ZTE中兴

수년 동안의 치열한 경쟁을 거쳐 중국 내 통신설비 제조업체 중 내로라하는 기업은 ZTE와 화웨이밖에 남지 않았다. ZTE와 화웨이는 서로를 적으로 생각하며 경계했다. 시장을 더 넓히기 위한 그들 사이의 경쟁은 점점 더 격화되었고, 1998년 두 회사는 날카롭게 맞섰다.

ZTE 사원이 다음과 같은 이야기를 들려주었다.

"한번은 해외에서 우리 고객이 찾아왔습니다. 화웨이의 사람들이 어떻게 그 소식을 알았는지 ZTE에서 마중을 나온 직원인 척하고 우리의 고객을 빼앗아가 버렸지요."

이러한 경쟁이 정정당당한 승부인가 하는 논쟁은 뒤로하고, 이 이야기에서도 화웨이가 라이벌과 경쟁하는 과정에서 고객을 유치하기 위해 온갖 심혈을 기울이고 있음을 엿볼 수 있다.

허를 찌르는 런정페이의 우회전술을 더욱 잘 보여주는 것은 중국 내 시장에서 바이엘(BEIER)을 추월한 일일 것이다. 상하이 바이엘은 상하이 SPC 교환기 시장의 선두주자로서 중국시장에서 큰 점유율을 차지하고 있었다. 화웨이는 신제품을 연구 개발하여 출시하면서 상하이 바이엘을 추월할 목표를 세웠다. 그러나 당시 화웨이의 실력은 상하이 바이엘과 비교가 안 되는 수준으로 정면승부는 도저히 불가능해 보였다.

화웨이는 이번에도 우회전술을 펼쳐 농촌시장을 선점했다. 동북(東北), 서북(西北)과 서남(西南) 등 낙후된 지역의 시장에서 화웨이는 V5 인터페이스에 대한 선전 공세를 펼치면서 호넷(HONET) 접속망으로 상하이 바이엘의 원격 가입자 접속모듈 제품과 맞대결을 펼쳤다. 화웨이는 매출 이익을 보조금으로 지급하면서 저가전략으로 가격경쟁을 일으켜 바이엘이 따라올 수 없는 낮은 가격으로 농촌시장을 선점했다. 이어 도시의 시장에 침투하면서 점점 상하이 바이엘사의 이익 공간을 압박했다.

이러한 전술로 화웨이는 상대를 밀착하여 압박하면서 단 하나의 프로젝트라도 소홀히 하지 않았다. 베이디엔(北電) 네트워크가 화웨이와의 경쟁에서 실패했고, 오랜 전통의 브랜드를 가진 통신회사인 랑커(朗科) 역시 경쟁에서 패하고 말았다. 그 후 수백 차례의 접전에서 화웨이는 승전보를 울렸다.

이와 같은 탁월한 경쟁방식으로 중국 국내시장에서 종횡무진으로 활약하던 시기를 화웨이에서는 '본토 승냥이 시대'라고 부

런정페이, 경쟁의 지혜

른다. 이 시기를 분석해보면 화웨이는 열세에 처해 있었지만, 그동안 구축하고 유지한 고객관계라는 생명선에 스며들어 있었던 우회적인 경영 지혜로 경쟁자들과의 대결에서 승리할 수 있었다는 것을 알 수 있다.

● 1990년대 휴대용 전화기 시장에 혁신을 일으킨 모토로라

미국의 전기기기 제조업체로, 반도체와 통신 기기, 각종 첨단 전자 부품 등을 개발하고 생산하는 정보통신 기술 회사이다. 1928년 미국의 폴 갤빈(Paul Galvin)이 설립한 갤빈 제조 회사로부터 비롯되었다. 처음에는 카 오디오만을 전문적으로 만들다가 1930년대에 카 오디오의 브랜드 이름을 '모토로라'라고 하여 판매를 시작한 뒤 크게 성공하였다. 1980년대에 휴대용 전화기를 만들었고, 1996년에 주머니에 들어갈 정도의 크기인 스타택(StarTAC)을 개발하여 휴대용 전화기 시장에 혁신을 불러일으켰다.

해외시장을 개척하다

화웨이는 초창기부터 세계적으로 가장 치열한 경쟁에 휘말렸고 힘이 약했기 때문에 시장의 틈새에서 살아남기 위해 온 힘을 다할 수밖에 없었다. 오랫동안의 역경과 고난을 겪으면서 우환 의식이 매우 강했던 런정페이는 한 가지 문제에 주목했다. 그 문제는 '중국 내수시장이 포화상태가 되면 화웨이는 어떻게 해야 하는가?'였다. 1990년대에 런정페이는 이미 화웨이가 글로벌 회사로 거듭나야 한다고 강조했고 새로운 모험을 시작했다.

뮌헨에 있는 지멘스 본사 ▷출처: Wikimedia Commons

화웨이가 국제시장으로 향한 근본적인 이유는 사실 매우 간단하다. 그것은 바로 '살아남기 위해서'였다. 그러나 국제시장에서의 치열한 경쟁에서 살아남으려면 시스코, 에릭슨, 노키아, 모토로라, 지멘스 등 국제적인 기업들과의 전면적인 충돌을 피할 수 없었다. 화웨이는 진정한 시험대 위에 오르게 되었다.

화웨이는 정말로 국제시장을 선점할 필요가 있었는가? 당시 화웨이가 이미 거둔 성과를 볼 때, 런정페이에게 있어서는 중국

● 독일 최대의 전기, 전자기업, 지멘스(Siemens AG)

독일 최대의 전기, 전자기기 제조회사이다. 지멘스는 1847년 베를린에서 독일 최초의 전기공업회사로 꼽히는 지멘스운트할스케(Siemens & Halske)로부터 시작되었다. 1866년 창립자인 지멘스가 발전기 제작에 성공하면서 회사의 미래가 밝아졌다. 1950년대에는 제2차 세계대전 후의 어려운 경제상황을 극복하고 유럽에서 네덜란드의 필립스에 뒤지지 않는 전기기기 제조회사로 성장하였다. 독일의 베를린과 뮌헨에 본사를 두고 있다.

SIEMENS

국내에서 선두주자의 자리를 지켜나가는 것이 현명한 선택이었을 것이다. 당시 화웨이의 경영지도층과 직원들은 대부분 현재에 안주하려는 생각을 갖고 있었다. 왜 하필 위험한 모험을 하면서 해외시장에 진출해야 한단 말인가? 하지만 런정페이는 이 모든 상황을 꿰뚫어 보고 있었다. 그는 해외시장 공략에 자신감이 넘쳤는데 그 까닭은 그에게는 두 가지 무기가 있었기 때문이다. 바로 가격대성능비가 우월한 제품과 그 어떤 어려움에도 굴할 줄 모르는 마케팅팀이었다.

1996년부터 화웨이는 해외시장을 개척하기 시작했다. 당시의 주요 표적은 아프리카, 중동, 러시아, 남아메리카 등의 시장이었다. 화웨이의 직원들은 세계 곳곳에 모습을 속속 드러내기 시작했다. 2001년 그 규모는 더욱 확장되었다. 그 무렵 런정페이는 국내에 아주 드물게 모습을 보였다. 그는 많은 시간을 들여 해외를 돌아다니면서 각 나라의 시장을 답사하고 중요한 고객들을 방문하였으며 국제 동종 업계 관계자와 빈번하게 교류하면서 이용 가능한 힘과 자원을 찾아다녔다. 런정페이는 이사회에서 이렇게 말했다.

"앞으로 이사회의 공식 언어는 영어입니다. 저는 지금 외국어를 배우고 있는 중이니 여러분들도 알아서 공부하세요."

화웨이는 수많은 비난과 냉대를 받은 뒤 스스로 실패의 경험을 모아 매듭을 지어 나갔다. 화웨이는 중점적인 시장을 선택하여 하나하나 돌파해 나가기 시작했다. 중점 시장을 선두로 에티오피아, 남아프리카공화국, 사우디아라비아, 브라질 시장에서 돌파구를 찾았고, 점점 그 범위를 확대해 나가면서 마침내 대규모적인 승리를 이끌어냈다.

국제시장에서 화웨이의 움직임과 관련하여 일어난 많은 사건들이 화웨이의 성공은 결코 우연이 아님을 잘 말해주고 있다.

고객 만족은 화웨이를 성공으로 이끈 가장 중요한 요소이다. 고객을 만나기 위해 화웨이의 마케팅 인력들은 늘 며칠씩 고객의 사무실 앞에서 끈질기게 기다리면서 기회를 잡아 자사 제품을 소개하곤 했다. 한 예로 태국관광업의 특색을 보여주어 고객을 만족시키기 위해 노력하면서 태국 지능망(智能网) 건설 프로젝트에서 이동통신업체를 도와 휴대전화에서 소액으로 복권을 살 수 있는 서비스를 개통해주기도 했다. 2007년 8월, 페루

바르셀로나에서 열린 모바일 월드 콩그레스 2012에서 화웨이 부스의 모습
▷출처: Wikimedia Commons

에 강도 8.1의 강진이 발생했을 때 현지의 모든 이동통신업무가 지진으로 인해 마비되었으나 화웨이의 문자메시지만은 정상적으로 작동하고 있었다. 이 일로 화웨이는 고객들의 더 큰 신뢰를 받을 수 있게 되었다.

화웨이의 철저한 서비스 능력과 고객을 가장 우선시하는 태도는 고객의 신뢰를 얻은 데 중요한 역할을 하였다. 어려운 시장개

런정페이, 경쟁의 지혜

척의 와중에도 화웨이 직원들은 기회를 포착하고 양질의 서비스와 기술로 고객을 설득하는 데 성공했다. 아프리카에 전쟁과 지진이 일어났을 때 기타 서방국가에서 온 회사의 직원들은 철수하기에 급급했지만 화웨이 직원들은 끝까지 자리를 지켰다. 일상적인 사소한 일들을 이야기하자면, 화웨이사는 아랍인 고객들을 위해 기도실을 특별히 설치해 주었고, 고객과 같이 전시회에 참가할 경우에는 먼저 고객을 도와 부스를 설치해 주었다. 화웨이의 프로젝트 매니저가 양복을 벗어던지고 현지 노동자들과 함께 선반을 옮기고 사다리에 오르는 모습과 그 정신은 고객들에게 화웨이야말로 신뢰할 수 있는 파트너라는 것을 가슴 깊이 느끼게 해 주었다. 그에 따라 사업 기회도 따라주었다.

화웨이는 자원을 집중하여 연구 개발 부서의 신속한 반응능력을 키웠고, 고객들에게 지속적이고 안정된 서비스를 제공하였으며, 최단 시간 내에 고객의 요구에 대응할 수 있는 능력을 갖추었다. 화웨이는 유럽에만 연구 개발 센터 4곳을 갖고 있고 약 천 명의 직원을 보유하고 있는데 그중 75퍼센트가 현지에서 초빙되거나 약 30개 나라에서 채용된 직원들이다. 이 점도 고객이 요구하기만 하면 화웨이의 직원들이 신속하게 출동할 수 있는 든든한 배경이 되었다.

콩고민주공화국에 있는 화웨이의 한 고객이 공사계획을 변경시켜 원래 30일이던 핵심네트워크 공사기간이 4일로 축소되었다. 그러자 프로젝트팀의 전체 팀원들은 공사현장에서 생활하며 피곤하면 복도 바닥에서 쪽잠을 자면서 계속 일했다. 그들은 4박 3일의 연속 작전으로 마침내 프로젝트를 앞당겨 완성시켰다. 남아메리카의 어느 한 열대우림의 산꼭대기에 기지국을 세울 때의 일이다. 구불구불 뻗은 외길 외에는 설비를 운송할 만한 다른 길을 찾을 수 없었고, 헬기로 운송하려면 비용이 8,000달러에 달했다. 고심 끝에 화웨이의 직원들은 20여 명의 현지인들을 고용하여 약 7,000위안의 비용으로 설비를 분해하여 산 위로 운반하였다. 그 결과 공사는 비용을 절약하면서도 기한 내에 완성되었다.

비록 가격우위가 있었지만 화웨이의 해외시장 경쟁은 매우 조심스러웠다. 오랜 접전을 거쳐 화웨이에는 가격경쟁에 대한 새로운 인식이 생겨났다. 해외시장 개척에서 런정페이는 가격전쟁을 하지 말 것을 여러 차례 강조하면서 경쟁자와의 윈윈 전략을 도모하고, 업종 전반의 이익에 손상을 주지 말며, 시장규칙과 시장질서를 수호하여 경쟁자들이 단합하여 화웨이를 공격하는 것을 사전에 방지해야 한다고 말했다. 이 역시 일종의 우회전술이라고 할 수 있다.

사실 전 세계의 동종업계에서는 놀라운 속도로 성장한 화웨이를 다시 보지 않을 수 없게 되었다. 런정페이는 전 세계를 향해 중국의 굴기를 증명해 보였던 것이다. 2004년 12월 8일 네덜

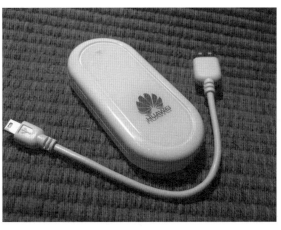

화웨이의 3G 제품과 짧고 간결한 USB 케이블 ▷출처: Wikimedia Commons

● 화웨이, 텔포트와 계약을 맺다

화웨이는 2004년 네덜란드의 대표적인 이동통신사인 텔포트사와 역사적인 계약을 체결했다. 3세대(3G) 네트워크의 해외시장 확장을 위해서였다. 이 계약은 화웨이가 유럽시장에서 체결한 첫 번째 계약으로 그 당시 규모는 2,500만 달러였다. 이 계약에 따라 화웨이는 텔포트가 기존에 보유한 네트워크와 호환될 수 있는 전국적인 3G 네트워크를 텔포트사에 공급하였다. 텔포트사와의 계약은 화웨이가 세계적인 기업으로 발돋움할 수 있는 발판을 마련했다는 데 큰 의의가 있다고 평가된다.

란드의 헤이그에서 런정페이는 네덜란드 텔포트사의 CEO 스티그와 2억 유로가 넘는 WCDMA 설비 공급계약을 맺었다. 이 계약은 화웨이가 글로벌 3G 시스템 설비업계 1위인 에릭슨사로부터 빼앗아 온 것이었다. 이로써 화웨이는 유럽시장에서 '변두리 시장'을 공략하던 전략으로부터 '범의 아가리에서 먹이를 빼앗는' 대담한 행보를 보이게 되었다. 화웨이는 처음으로 자사가 가격우위를 점하고 있을 뿐만 아니라 기술적인 우위도 점하고 있음을 증명해 보였다.

화웨이가 국제시장에서 이룬 성공은 화웨이 직원들의 고된 노력과 칠전팔기의 정신 덕분이었다. 또한 화웨이는 경쟁 환경의 민감한 변화에 주의를 기울이면서 임기응변적인 태도를 지속적으로 취했다. 초창기 화웨이의 마케팅 수법이 지나치게 재빠르고 뛰어나며 공격성을 띠고 있었기에 오랜 기간 동안 해외 언론에 비친 화웨이는 '빼앗아 가지고 독재적이며 포용력이 결여된' 이미지였다. 이에 화웨이는 해외에서의 이미지를 새롭게 수립하고 과거의 '굶주린 승냥이 또는 늑대가 먹이를 덮치는' 시장 개척방식을 변화시켜 한층 더 안정적이고 전문적으로 사업을 펼쳐나가기 위해 노력했다.

해외시장에서 화웨이는 중국 국내에서 매체와의 접촉을 꺼리던 자세를 바꾸어 〈이코노미스트〉, 〈비즈니스위크〉 등 주류 경

● 늑대와 런정페이

런정페이는 스스로를 늑대에 비유하고 늑대를 활용한 전략을 펼치기도 한다. 늑대는 민감한 후각과 강력한 투쟁력을 가진 야생성 동물이다. 런정페이는 화웨이의 직원들이 이러한 늑대를 본받아 어떤 어려움에도 굴하지 않는 도전의식, 민감한 후각, 강인한 끈기와 팀과의 화합 등의 능력을 갖출 것을 요구한다. 이를 통하여 런정페이는 화웨이를 더욱 강한 기업으로 키우려는 의도를 가지고 있다.

또한 런정페이는 늑대 경영을 외치기도 한다. 런정페이는 한 기업의 최고경영자라면 시장이 혼돈과 혼란 속에 빠져 있더라도 늑대와 같은 감각으로 기업이 나아갈 방향과 리듬을 정확하게 찾아내야 한다고 말한다. 이 말대로 하루가 다르게 급변하는 시장에서 화웨이가 첨단기술을 기반으로 하는 획기적인 신제품과 서비스를 성공적으로 출시한다면, 런정페이는 중국의 정보통신 분야에서 역사에 남는 기업가가 될 것이다.

제잡지와 각종 전문잡지에 모두 화웨이의 광고를 싣고 유명한 언론매체의 인터뷰 요구에도 응했다. 2006년 화웨이는 28년 동안 사용하던 회사 로고를 교체하여 기존의 15갈래의 햇살을 8개의 아름다운 꽃잎으로 바꾸었다. 이러한 로고 교체로 화웨이는 주류 문화의 인정을 받는 국제적 이미지로 탈바꿈함으로써 중국 고유의 특색을 약화시키고 활기 있는 국제 통신설비 공급업체의 이미지를 구축하였다.

화웨이는 국제시장을 개척하고 세계 고객들에게 서비스를 제공하면서 세계적인 기업으로 성큼 다가섰다. 이러한 변화에 발맞추어 화웨이의 지역 구획에도 변화가 일어났다. 처음에 화웨이는 판매 부문을 국내와 해외 두 부분으로 나누었으나, 2003년부터는 해외 부분을 다시 8대 지역으로 나누고 국내 부분 중국을 세계 9대 지역 중의 하나로 분류시켰다. 가장 중요한 변화는, 해외시장에서의 경험에 따라 시장 마케팅부서를 정비하고 새로 설립한 전략과 시장 부문에 더 큰 책임을 부여하여 연구 개발과 판매 부문 사이에서 가교 역할을 할 뿐만 아니라 회사의 발전방향을 이끌어내는 역할도 하게 한 것이다.

화웨이 코리아 홈페이지 화면 ▷출처: 화웨이 코리아 홈페이지

　　따라서 화웨이 내부에는 이미 국내와 해외의 구분이 없어졌고 오직 글로벌 시장과 각 지역이라는 개념만 남게 되었다. 즉, 화웨이는 구조적으로 다국적 회사와 다를 바가 없게 되었다. 국제시장에서 활보하면서 아직 보완해야 할 부분이 많았지만 화웨이는 이미 중국 내 동종업계에서 가장 훌륭한 기업으로 거듭났다. 화웨이가 세계의 절반을 돌며 일류의 고객을 유치하고 새

런정페이, 경쟁의 지혜

모바일 월드 콩그레스(Mobile World Congress) 2015 바르셀로나에 전시되어 있는 화웨이 아너 6 ▷출처: Wikimedia Commons

로운 영역에서 폭풍을 몰고 다닐 수 있게 된 비결을 묻는다면, 그 비결은 자신의 우위를 정확하게 발견하고 여러 번의 실패에도 굴하지 않고 우회적으로 전진하며 포기하지 않고 자신의 신념을 굳게 지킨 것이라고 할 수 있다.

● 화웨이의 한국 진출, 화웨이 코리아

2014년 10월, 화웨이 코리아는 중국 스마트폰 업체 가운데에서 맨 처음으로 우리나라 스마트폰 시장에 공식적으로 진출하였다. 화웨이가 출시한 아너 6(Honor 6, 한국 출시 모델명 X3)는 자체적으로 개발한 기린 920 옥타코어 프로세서를 탑재하고 있다. 또한 3기가 램과 5인치 Full HD 디스플레이를 지원하는 등의 특징을 지니고 있다. 화웨이 코리아는 LG 유플러스를 통하여 진출할 생각이었지만, 그룹 계열사인 LG전자와의 관계 때문에 LG의 통신망을 쓰는 별정통신사 미디어로그를 통해 출시되었다. 별정통신사는 자가 망을 갖지 않고 기간통신사업자로부터 통신망을 빌려 서비스하는 업체이다.

런정페이, 경쟁의 지혜

5

기업 리더의 영향력

리더의 강한 영향력은 조직목표의 실현에 있어 매우 중요하다. 리더십이 있는 기업의 리더는 자신의 강한 영향력으로 팀 전체에 영향을 주고, 그 팀이 자신을 따라 자신이 정한 이상과 목표를 향해 나갈 수 있게 하며, 성공을 향해 매진하도록 이끈다.

기업경쟁의 승패에 영향을 주는 많은 요소들 중 기업 리더의 소양은 기업의 경쟁력이라고 할 수 있다. 기업은 하나의 완전한 유기체로서 여러 부문으로 구성되어 있다. 기업의 리더가 여러 부서들을 조율하여 기업의 모든 직원이 일사불란하게 움직이게 만드는 능력은 이 기업의 전반적인 효율성을 결정짓는다.

런정페이는 논쟁의 대상이 되는 기업 리더이다. 하지만 그가 남보다 뛰어난 안목과 풍부한 식견으로 화웨이의 발전을 위한 토대를 마련했다는 점은 부정할 수 없다. 그에게는 끝없이 앞으로 밀고 나아가는 의지가 있고 진취적인 기상이 있으며 불굴의 용기가 있고 어려움을 극복해내는 예기가 있다. 런정페이는 자신의 정신을 화웨이의 정신으로 승화시켜 화웨이의 모든 직원에게 영향을 주면서 직원 개개인의 힘을 팀 전체의 경쟁력으로 만드는 능력을 갖고 있다. 이 능력은 런정페이가 평소 늘 곱씹던 말과 같다.

"칠흑 같은 어둠 속에서 생명의 불씨를 태우며 팀을 이끌어 승리를 향해 나아간다."

런정페이는 겸손하다

화웨이가 국내외 시장에서 개선가를 소리 높이 부르며 각종 신화를 창조하고 있을 때 전설과 같은 존재인 런정페이는 늘 언행을 조심했다. 화웨이가 승리를 거듭할수록 떠벌리기 좋아하지 않는 런정페이의 성격이 더 많은 사람들에게 알려지면서 사람들은 그를 '겸손한 전설적 인물'이라고 부르기 시작했다.

1998년부터 런정페이는 매체와 대중들과의 거리를 두었고 자신을 무대 뒤에 감추기 위해 애썼다. 화웨이의 스토리는 끝이 없고 런정페이 역시 한마디로 말할 수 없는 존재였다. 런정페이는 매체의 인터뷰에 응하지 않고 텔레비전에서 얼굴을 보기 힘든 인물로 소문이 났다. 이것은 다른 기업인들과는 실로 다른 모습

● 신비로운 기업인, 런정페이

화웨이(華爲)는 세계 최대 통신장비업체이면서 중국 최대의 스마트폰 업체이다. 1987년 화웨이를 창업하고 눈부신 발전을 이룩한 런정페이는 극도로 언론 매체를 멀리하고 노출을 꺼려 중국에서 '신비로운 기업인'으로 불릴 정도이다. 런정페이가 생애 처음으로 인터뷰를 한 때는 2014년 6월이다.

2014년에 찍은 런정페이의 모습
▷출처: Wikimedia Commons

이다. 자가 홍보의 시대에 중국의 많은 기업가들은 갖은 방법으로 자신의 얼굴을 내밀 기회를 만들기 위해 노력한다. 그들은 활발한 홍보 활동으로 개인의 인지도를 높여 기업의 부가가치를 창조할 수 있기를 기대한다.

그러나 런정페이는 달랐다. 그는 각종 취재, 회의, 선전 등을 갖은 방법으로 피해 다녔으며 심지어 화웨이의 이미지 홍보에 도움이 될 행사마저 참여를 거부했다. 또한 런정페이는 화웨이의 고위층에 중요한 고객이나 협력파트너를 제외하고 기타 행사에는 일체 참가하지 않겠다는 뜻을 밝혔다. 이러한 런정페이의 뜻에 따라 화웨이는 거의 본능적으로 폐쇄적이고 방어적인 태세로 외부세계를 마주하게 되었다.

사실 런정페이는 내성적인 사람이 아니다. 런정페이를 잘 아는 사람들은 그가 감정에 솔직하고 직설적인 사람이라고 말한다. 그는 사소한 고객 한 사람을 위해 혼신의 힘을 다할 수는 있지만 떠들기 좋아하는 매체 앞에서는 말 한마디도 아끼는 사람이다. 왜 인터뷰에 응하지 않느냐는 질문에 런정페이는 솔직한 답변으로 사람들을 당황하게 만들었다.

"저희가 매체 앞에 나설 만한 일이 뭐가 있겠습니까? 저희는 매일 고객과 직접 소통하고 있고 고객들은 저희를 비평할 수 있습니다. 고객이 불만을 이야기하면 저희는 개선하면 됩니다. 매체 앞에서 저희는 영원히 좋은 면만 보여 줄 수는 없지요! 제가 사람을 만나지 않는 건 아닙니다. 저는 항상 고객을 만나고 있습니다. 아무리 작은 고객이라도 직접 만납니다."

기업이 앞서가는 것은 모든 기업인의 꿈이다. 그러나 기업인의 덕목 중의 하나는 지나치게 과시하지 말아야 하며 또 지나치게 침묵해서도 안 된다는 것이다. 화웨이가 아직 미미한 존재일 때 런정페이는 자신을 보호하는 최상의 방법은 바로 나서지 않는 것이라고 생각했다. 그렇게 함으로써 많은 손실을 입을 수는 있지만, 예측하기 어려운 위험 역시 피할 수 있었다. 그러나 런정페이가 중국 기업계의 대표적인 인물로 급부상하고 세계적인 강적들과 어깨를 겨루기 시작하면서 화웨이에 대한 각종 잡음도 많아졌다. 런정페이가 대중 앞에 얼굴을 내밀지 않는 것이 최상의 선택이 아닐 때도 있어 보였다.

최근 몇 년 사이 화웨이의 대외방어선이 약간씩 흔들리는 조

짐을 보이고 있다. 한 가지 측면으로 화웨이는 해외시장을 적극적으로 개척하면서 해외의 매체들과 밀접하게 접촉하고 있고 중국 내 매체와의 접촉도 다소 활발해졌다. 화웨이의 일부 고위층들도 조심스럽게 얼굴을 내밀기 시작했다.

다른 측면으로는 2003년에 진행된 소송과 관련된다. 2003년 1월 24일, 시스코는 화웨이가 자사의 운영소프트웨어를 불법적으로 복제했다고 기소했다. 이 소송은 떠들썩하게 진행되었고 사람들의 이목을 집중시켰다. 소송은 최종 양 당사자의 합의로 마무리되었으나 화웨이는 이 사건을 통해 한 가지를 깨달았다. 그것은 바로 사람은 겸손해야 하지만 기업은 절대로 겸손해서는 안 된다는 것이다.

그때부터 폐쇄적이던 화웨이는 차츰 대중을 향해 문을 열기 시작했고 사람들의 호기심에 찬 눈빛과 대화를 받아들이기 위해 노력했다. 또한 화웨이는 국제시장에서 더 큰 발전을 이루기 위해서는 반드시 국제적인 관례에 따라 규범화 운영을 실시해야 한다는 것도 깨달았다. 그중에는 매체와의 관계유지도 포함되어 있었다. 신비로운 베일에 가려져 있던 화웨이는 이제 더 이상

신비롭지 않게 되었다.

그러나 유일하게 철통보안이 풀리지 않고 풀릴 기미조차 없는 사람이 있었으니, 그는 바로 런정페이 자신이었다. 런정페이는 철저하게 몸을 숨겼다. 런정페이는 사실 이야기하기 좋아하는 성격을 갖고 있고 결단력이 있으며 일반적인 상식에 구애받지 않는 인물이다. 이러한 매우 강한 의지력을 필요로 하는 '겸손'은 기업가로서의 그의 막강한 리더십과 자아관리 및 통제능력을 보여주고 있다.

어떤 사람은 런정페이의 겸손은 개인 우상화가 기업에 '인치(人治)'라는 불필요한 이미지를 줄까 봐 두려워하기 때문이라고 생각하기도 한다. 그래서 그는 조직 건설과 제도 마련에 더 열중했고 기꺼이 배후에 숨은 영웅이 되려고 했다. 또 어떤 사람은 런정페이가 개인의 겸손한 이미지를 부각하고 개인 우상화를 있는 힘을 다해 회피하는 것은 기업가 브랜드에 대해 인식이 부족한 탓이라고 생각하기도 한다.

이러한 다양한 추측들에 대해 런정페이는 일일이 상대하지 않았다. 다만 다음과 같이 말했을 뿐이다.

"조용히 흘러가는 물만이 아무도 모르는 사이에 멀리멀리 흘러갈 수 있다."

그의 언행에서도 찾아낼 수 있듯이 런정페이는 외부의 편견에 휘둘리지 않고 자신이 해야 할 일만 착실하게 해내는 인물이었다. 화웨이의 발전은 그의 합리성을 증명해 주었다. 짧다면 짧은 십여 년 사이, 사람들이 요란한 마케팅 전쟁에 열중하면서 기업을 홍보하기 위한 쇼를 하고 있을 때 화웨이는 묵묵히 중국 민영기업의 선두주자로 성장해 있었다.

잠깐 반짝이다 사라지는 영웅이 되지 말자

런정페이는 화웨이에 보다 더 많은 영웅이 나타나기를, 아니 영웅이 단체로 속출하기를 바랐다. 그는 이렇게 강조했다.

"화웨이는 정직하지 못한 방법으로 잠깐 나타났다가 바로 사라지는 영웅이 되어서는 안 됩니다."

승리 앞에서 런정페이는 어느 누구보다 침착했다. 이것이 바로 훌륭한 기업 리더가 다른 사람과 구별되는 점이다. 그는 화웨이가 일부 성과를 얻은 것은 사실이지만, 그 성과 위에서 잠을 잘 때 영웅의 꽃은 시들게 마련이고 시든 꽃은 다시 피기 매우 어렵다고 생각했다. 정보산업에서 일단 한번 뒤처지면 따라잡기 매우 어렵다.

런정페이는 승리를 향해 걸어갈 때에도 견지해야 하고 단계적 승리를 거두었을 때에는 더욱 견지해야 한다고 생각했다. 기업가가 기업에서 영향력을 행사함에 있어 중요한 요소가 바로 견지이다. 미국 애플사의 CEO였던 스티브 잡스에게 누군가 이렇게 물어본 적이 있다.

"당신이 성공할 수 있었던 비결은 무엇입니까?"

이에 대한 잡스의 대답 역시 그 두 글자였다.

"견지!"

화웨이는 사업의 저조기든 고조기든 담담하게 받아들이고 자신이 가고자 하는 길을 꾸준하게 걸었고, 그 결과 마침내 세계로 통하는 길을 개척할 수 있었다. 이것은 런정페이의 한결같은 견지와 구분하여 말할 수 없다.

2000년 세계 통신시장은 거품이 빠지면서 저조기에 들어섰다. 많은 세계적 기업들이 활기를 잃었지만, 화웨이는 오히려 런정페이의 탁월한 식견과 전체 임직원들의 노력으로 위기 속에서 새롭게 거듭날 수 있었고 국제화로 나아갈 수 있는 기회를 창출했다.

1994년 화웨이가 아직 사람들에게 알려지지 않았을 때 런정페이는 이미 그 시대를 호령하던 지멘스, 알카텔과 더불어 세계적인 전신설비 기업 세 손가락 중의 하나로 꼽히자는 구호를 외쳤다. 비록 꿈과 현실이 매우 큰 차이가 있음을 의식했지만, 이 원대한 목표를 이루려는 런정페이의 꿈은 흔들린 적이 없다. 21세기에 들어서면서 IT 산업이 유례없는 한파를 맞이했지만, 화

● 프랑스의 통신회사, 알카텔

알카텔은 프랑스의 통신회사로 1898년 3월 31일 기술자인 피에르 아자리(Pierre Azaria)가 설립하였다. 처음에는 전력회사인 'CGE (Compagnie Generale d'Electricite)'였다. 그 후 회사 이름을 여러 번 바꾸었다가 1998년 지금의 이름이 되었다. 국유화, 민영화를 오가며 혼란을 겪다가 1995년 이후 네트워킹 전문기업으로 변신하여 자리를 잡았다. 주요 사업은 인터넷 통신 사업, 네트워크 구축, 무선 액세스, 멀티 서비스 액세스, ADSL/VDSL, 광통신 등이다.

웨이는 여전히 매출의 10퍼센트를 연구 개발에 투자하면서 고객의 요구에 신속한 반응을 보였다. 화웨이의 영향력은 이미 고정 네트워크 분야를 훨씬 초월하여 화웨이는 주류 영역에서 훌륭한 성적을 거두었으며 특색 있는 핵심기술도 갖추었다.

컴퓨터 기술과 통신 기술의 눈부신 발전에 힘입어 디지털 통신도 통신 분야의 새로운 성장 동력으로 자리매김했다. 화웨이는 디지털 통신 분야에서 복병으로 등장하여 디지털 통신 업계의 거두인 시스코와 상호 대립하는 기세를 보여주었다. 충분한 사전 준비 덕분에 화웨이는 또 한 번의 시련 속에서도 쓰러지지 않았다. 2003년 이후 경영개혁의 순조로운 진행과 해외시장에서의 굴기에 힘입어 화웨이는 재빠르게 역경을 이겨내고 3년간 매출액 성장률은 각각 27퍼센트, 42퍼센트, 56퍼센트로 상승곡선을 그렸다.

런정페이는 이렇게 말한다.

"한파는 가증스럽기만 한 것이 아니라 사랑스러운 면도 있습니다. 우리가 한파를 겪어보지 않았더라면 우리의 조직은 현 상태에 안주할 수 있습니다. 이것은 매우 위험한 일입니다. 화웨이는 절대로 교만하지 말아야 합니다. 그런 점에서 한파는 두려운 것이 아닙니다."

계속 견지해왔기에 화웨이는 성장을 거듭할 수 있었다. 약 20년의 세월 동안 화웨이는 민영기업으로부터 약 7만 명의 직원을 보유하고 연간 매출액이 600억 위안을 웃돌며 해외 매출액이 60억 달러에 달하는 세계적인 기업으로 떠올랐다. 누군가 화웨이는 국제화를 실현한 중국 기업의 대표적 상징이며 화웨이가 걸었던 길은 수많은 중국 기업들이 배워야 할 교과서가 되고 있다고 말했다.

창업한 뒤 그 사업을 지키고자 한다면 한발 물러설 줄도 알아야 한다. 런정페이가 제기한 "두려움을 아는 자가 살아남는다."는 관점은 화웨이를 살렸을 뿐만 아니라 화웨이를 영웅으로 만들었다. 이 영웅은 얼마나 오래갈 것인가? 런정페이는 화웨이가 오늘날까지 살아남을 수 있었던 것은 고객과 시장을 기업의 방향으로 잡은 위기의식을 갖고 있었기 때문이라고 했다. 런정페이는 다음과 같이 말했다.

"우리는 이 세상에서 잘 살아남은 회사 중의 하나이다. 우리가 살아남은 것은 우리에게 능력이 있어서인가? 내가 봤을 때는 아니다. 우리가 거쳐간 발전 단계들이, 우리가 세운 책략들이 세계의 흐름과 맞아떨어졌기 때문일 뿐이다. 우리는 미래의 정보경제는 더 이상 과거의 열광적인 시대로 돌아갈 수 없다는 것을 잘 알고 있다. 따라서 정보산업은 다시 전통산업의 길로 돌아갈 것이며 오랫동안 신흥산업으로 있어주지는 않을 것이다. 정보산업 기술은 나날이 간단해지고 있으므로 선진적인 기술로 시장 우위를 만들어 내던 상황은 다시 나타나지 않을 것이다. 진정한 우위는 고객과의 관계유지이며 고객의 요구를 최대한 만족시키는 것이다. 마케팅부, 연구 개발부 등 회사의 각 부문은 모두 이러한 문제를 인식해야 하며 합심하여 회사의 생존을 위해 분투해야 한다."

학생이 되어 철저하게 공부해야 한다

지식은 런정페이가 역경 속에서 분발하여 전진할 수 있게 해준 밝은 등대였다. 또한 지식은 훗날 런정페이가 화웨이를 이끌고 해외로 진출하여 수많은 국제기업들과 어깨를 나란히 할 수 있게 해준 기둥이었다. 런정페이는 지식의 중요성을 누구보다 잘 알고 있었으며 언제나 지식에 대한 갈구를 멈추지 않았다. 몇 년 사이 화웨이의 발전 역시 철저하게 자세를 낮추고 꾸준히 공부하는 과정이었다. 이러한 과정에서 런정페이는 경쟁자와의 차이를 찾아내고 그 차이를 극복하는 방법을 찾아낼 수 있었다.

1997년 런정페이는 미국 IBM 등 유명한 하이테크 회사들을 탐방했다. 이번 현장 탐방에서 그는 놀라움을 금치 못했다. 그는 화웨이와 국제 거물들 사이의 차이를 분명하게 찾아냈다. 화웨이에 돌아온 후 얼마 되지 않아 런정페이는 5년간 지속된 변혁의 막을 열었다. 화웨이는 서방의 경험을 공부하고 스스로를 반성하며 내부관리를 개선하는 단계에 진입했다. 철저한 공부가 시작되었던 것이다.

통신업종의 기술 진보의 신속함과 경쟁의 치열함은 다른 업종들이 따라올 수 없을 만큼 굉장하다. 만약 화웨이의 학습능력이 이를 따라가지 못한다면 곧 도태될 것이다. 런정페이는 서두르다가 일을 그르친 수많은 사례들을 들며 화웨이인은 반드시 단기적인 성공의 환상을 버려야 한다고 강조하면서 일본인들의 착실함과 독일인들의 소홀함을 모르는 철저한 전문가 정신을 배워야 한다고 말했다.

기업의 전반적인 미래 발전에 있어 고학력의 런정페이는 늘 과학적 원리로 문제에 대한 심층적인 분석을 진행하고 전략을 수립했다. 그는 스스로의 부족함을 인지하고 있었기에 학습의 중요성을 더욱 잘 알고 있었다.

런정페이는 스스로도 공부를 게을리하지 않았을 뿐만 아니라 직원들에게도 꾸준히 공부하라고 격려했다. 자신의 부족함을 알고 상대방의 장점을 찾아내며 경쟁자의 장점을 배워 자신을 발전시켰다. 이러한 점 역시 런정페이가 늘 강조하는 부분이다.

학습을 중요시하고 나날이 발전하고 성장하려는 런정페이의 모습은 기업관리 업무의 개선을 촉진시키는 역할을 하는 동시에 화웨이의 직원들을 깊이 감동시키면서 꾸준히 발전을 추구하도록 이끌었다.

런정페이는 서구의 현대경영사상과 방법을 받아들이고 조직 구조에 대한 현대화 변혁을 실시했으며 세상을 떠들썩하게 했던 〈화웨이 기본법〉을 제정하여 제도화 경영을 시행했다. 이 모든 것은 런정페이가 스스로에게, 화웨이에게 위기감 속에서 '우환의식'을 갖도록 한 결과이다. 앞의 사실이 증명하듯이 화웨이는 우환의식으로 살아남을 수 있었다.

2000년 이후 화웨이는 중국식과 서구식 경영방식을 융합시키는 문제에 직면하게 되었다. 런정페이는 〈살아남는 것만이 기업이 가야 할 길이다〉라는 글에서 이 문제에 대한 자신의 관점을 이렇게 서술했다.

"화웨이사는 작은 회사로부터 시작하여 중국에서 발전했기 때

● 런정페이의 우환의식(憂患意識)

표준국어대사전에 따르면 '우환'은 '집안에 복잡한 일이나 환자가 생겨서 나는 걱정이나 근심.'을 뜻한다. 한마디로 말하면 우환은 걱정거리이다. 끝없이 걱정하고 근심하는 것이 일상생활을 하는 데 좋은 영향을 미친다고 자신 있게 말할 수는 없지만 런정페이라면 이야기가 달라진다. 런정페이는 이 끝없는 우환의식을 발전의 원동력으로 삼았다. 런정페이는 위기에 빠지지 않으려면 언제든지, 어떤 모습으로든지 어려움이 닥칠 수 있다는 우환의식(憂患意識)을 가지고 대비하고 또 대비했다.

문에 외부자원이 미국처럼 풍부하지 않았다. 발전은 단순하게 감각을 따른 것이었으며 이성적이고 과학적인 법칙이 결여되어 있었다. 그래서 우리는 미국의 경험과 방법을 가져와야 하고 외부의 지혜를 빌려야 한다. 타인의 선진적인 경영방식과 기술을 배우려면 우선 기존의 특색이 분명한 전통문화에 대한 홍보를 약화시키거나 없애야 하며 '짚신'을 과감히 벗어던지고 '미국 신', '독일 신'을 신어야 하며, 화웨이 문화의 핵심부분을 보편적인 상업문화에 알맞은 책임의식, 직업의식, 혁신 등으로 변화시켜야

● 화웨이의 회사 헌법, 화웨이 기본법

'화웨이 기본법'은 화웨이의 일종의 '회사 헌법'이다. 화웨이는 개혁개방 이래 중국 기업으로는 전무후무하게 '화웨이 기본법'이라는 회사 헌법을 제정했다. '화웨이는 전자정보 기업으로서 고객의 꿈을 실현시킨다.'라는 것이 회사의 사명이고, '화웨이는 고객과 직원 그리고 협력자의 이익공동체이다.'라는 것이 회사의 가치관이었다. 이 법에는 상하위직을 막론하고 언제든지 순환 근무를 할 수 있다는 규정도 있는데, 이것은 실적 및 태도 등의 기준에 따라 직급이 내려갈 수 있다는 의미이다.

한다."

새로운 시스템을 성공적으로 도입한 후 다시 부수고 스스로
의 시스템을 창조해낸다. 바로 이와 같은 학습과정으로 인해 화
웨이는 계속 전진할 수 있었으며, 화웨이의 경영면에서의 발전
역시 꾸준한 학습과 개혁에 의해 실현될 수 있었다.

인재를 얻는 자가 천하를 얻는다

    어떤 기업이든 인재의 영입과 양성을 중요시한다. 특히 화웨이 같은 하이테크 기업에 있어 인력은 매우 중요한 자원이다. 런정페이는 이 점을 잘 알고 있었다. 그래서 화웨이는 인력우위를 다른 기업이 따라올 수 없는 경지로 끌어올렸다. 화웨이의 비결은 두 가지이다. 바로 독점과 단련이다.

    화웨이가 일관되게 견지하는 인력전략은 유럽이나 미국의 다국적 회사와 거의 일치한다.

    첫째, 중국 내에서 본토의 국제화 인력을 양성하여 해외시장에 파견한다. 1990년대 후반, 화웨이는 러시아 등의 나라에 인력을 파견했다. 당시 런정페이는 이렇게 말했다.

"우리는 해외시장으로 주저하지 않고 나갈 수 있는 용감한 사람들이 필요합니다."

화웨이가 해외시장에서 장기간 손실을 입고 있는 상황에서도 런정페이는 해외로 인력을 파견하는 행보를 한 번도 멈춘 적이 없었다.

둘째, 본토의 국제화 인력들이 성장한 다음 그들이 현지의 우

에스파냐의 마드리드에 있는 화웨이 지사   ▷출처: Wikimedia Commons

수한 인력들을 양성하고 활용하게 한다.

셋째, 현지 인력에 대한 선발과 양성을 강화하고 점차적으로 인력의 현지화, 본토화를 실현한다.

넷째, 업무 발전과 관리 수요에 따라 외부로부터 회사의 요구에 부합되는 인력을 도입한다. 화웨이의 혁신 요구에 부합되는 인력들은 심천에 위치한 글로벌 본부에서 교육을 받을 수 있다. 이를 위해 화웨이대학은 화웨이의 문화적 특색이 짙은 교육과정을 준비해두고 있다.

높은 급여로 전국 단위에서 인재를 스카우트하다

런정페이를 선두로 하여 화웨이는 무에서 유를 창조하는 고된 과정을 거친 후 마침내 시장에 발을 붙였다. 런정페이는 개성 넘치는 경영방식으로 화웨이를 이끌고 앞으로 나아갔으며 한 걸음 한 걸음 힘 있는 발걸음으로 화웨이의 발전을 위해 튼튼한 토대를 마련했다.

화웨이가 쾌속 성장기에 들어서자 인력에 대한 수요가 급속도로 확대되었다. 그전까지 화웨이는 인력시장을 통해 산발적으로 채용하는 방식을 취했다. 그러나 인력 수요가 확대되자 기존의 채용방식으로 회사의 발전을 위한 수요를 충족시킬 수 없었다. 1998년 이후 화웨이는 대규모 인력채용 계획을 가동하고 여러 대학교에 눈길을 돌리기 시작했다. 화웨이의 인력채용은 떠들썩하게 진행되었다. 베이징, 상하이, 시안 등 지역의 주요 매체들에 대대적으로 광고를 내고 유명한 대학교에서 인력채용 전시회를 열었으며 후한 대우를 내세워 각 분야의 유용한 인력들을 불러 모았다.

화웨이의 이러한 방법은 금세 뚜렷한 효과를 나타냈다. 2002년까지 해마다 수많은 대학졸업생들이 화웨이에 입사했다. 1998년 화웨이는 전국 단위에서 800여 명의 졸업생을 한꺼번에 채용했는데 이는 화웨이의 첫 번째 대규모 인력채용이었다. 1999년에는 2천 명의 대학졸업생을 채용했다. 2000년까지 화웨이는 총 4천 명의 졸업생들을 채용했다. 2001년 화웨이는 전국의 명문대를 돌아다니며 가장 훌륭한 학생들을 채용했다. 당시화웨이는 이렇게 큰소리를 쳤다.

"공과 석사연구생은 전부 채용하고 본과는 10위권에 드는 학생을 전부 채용한다."

그해 화웨이는 단 한번에 7천여 명과 고용계약을 체결했고 최종적으로 실제 채용한 인원은 5천여 명에 달했다.

이 같은 인재채용 전략은 화웨이의 이름을 널리 알렸고 매체에서는 이를 두고 '만인 채용'이라고 불렀다. 런정페이의 말에 따르면 화웨이는 매년 약 3천 명의 대학졸업생들을 채용하고 있다. 이러한 학생들은 화웨이의 내부 교육을 거친 뒤 80퍼센트 이상이 연구 개발 분야에서 활약하고 있다.

화웨이는 어떻게 중국 전역의 명문대에서 우수한 학생들을 대규모로 채용할 수 있었는가? 이것은 전적으로 화웨이가 높은 급여를 앞세운 덕분이다. 화웨이에 따르면 '경쟁력 있는 급여'를 제공하는 것이다.

외부에서는 화웨이의 급여는 심천의 모든 회사 중에서 가장 높다고 평가한다. 2000년 화웨이에서 근무하는 직원 중 학사의 경우 월 급여는 7,150위안이었고 연말에는 10만에서 16만 위안의 배당을 받을 수 있었다. 복수전공의 학사일 경우에는 7,700위안, 석사는 8,800위안, 박사는 10,000위안이었다. 이 급여 수

준은 심천의 일반 회사보다 15~20퍼센트 정도 높았다. 물론 급여가 더 높은 사람도 있었다.

이와 같은 절대적인 숫자를 제외하더라도 화웨이는 뛰어난 복지조건도 제시했다. 졸업생이 화웨이에 입사할 때 학교에서 심천까지의 편도 기차표, 시내교통비, 화물운송비, 건강검진비를 포함한 비용이 실비로 지급된다. 물론 이와 같은 비용은 입사 시에만 지급되는 것으로 인당 몇백 위안에 지나지 않지만 화웨이가 한 번에 수천 명의 졸업생을 채용하는 점을 감안하면 그 비용지출 역시 만만치 않을 것이다.

사실 화웨이가 신입사원에게 투자하는 비용은 이것뿐만이 아니다. 신입사원이 정식 업무에 배치되기 전에 진행되는 내부 교육기간에도 급여가 정상적으로 지급되며 복지 혜택도 누릴 수 있다. 신입사원에게 지급하는 급여, 장기간 진행되는 직원, 책임자 교육에 들어가는 비용, 그 외의 각종 교육비용, 교육장소 마련, 유지비용 등을 모두 합친다면 어마어마한 지출이다. 갓 학교 문을 나선 대학생들을 시장이나 연구 개발에서 독립적으로 업무를 수행할 수 있는 성숙된 직원으로 양성하기 위해 화웨이

런정페이, 경쟁의 지혜

는 대량의 자금을 쏟아부었다.

런정페이는 화웨이를 '3고' 기업으로 보고 있다. 바로 고효율, 고 스트레스, 고임금이다. 그는 고임금이 제 1추진력이라고 굳게 믿고 있다.

화웨이는 직원들이 자유롭게 오갈 수 있는 정책을 펴고 있다. 신입사원이 화웨이의 체계적인 교육을 받은 후 화웨이에 아무런 가치도 창조하지 않고 떠난다면 화웨이로서는 큰 손실을 입게 된다. 그러나 화웨이는 직원의 거취에 간섭하지 않는다. 물론 화웨이는 최대한 만류해 보지만 직원이 떠날 마음이 확고하다면 난처하게 하지 않는다. 또한 모든 복지 혜택, 보너스도 삭감하지 않으며 이직하는 직원이 내부 주식을 보유하고 있는 경우에는 쉽게 양도하여 현금을 갖고 떠날 수 있게 한다. 사실 화웨이는 신입사원과 계약서를 체결하고 계약을 위반할 때의 배상방법에 대해 규정하고는 있지만, 이직하는 직원에게 지금까지 배상을 요구하지는 않았다.

1996년 화웨이는 10만 달러의 연봉으로 해외 유학파들을 채용하여 기술 연구에 투입한 적이 있다. 그때 칩 연구에 종사하던

한 엔지니어는 4만 달러의 연봉 계약으로 화웨이에 채용되었다. 그런데 막상 업무를 진행하면서 그의 가치가 당초의 가치를 훌쩍 넘는다는 것을 발견한 화웨이는 즉시 연봉을 50만 위안으로 인상시켜 주었다. 화웨이의 이와 같은 파격적인 인력전술은 다른 기업들에서 도저히 흉내를 낼 수 없었다. 모토로라의 한 직원은 다음과 같이 말했다.

"모토로라에서 화웨이의 직원을 스카우트하려면 매우 힘들다. 그러나 화웨이에서 우리 쪽의 사람을 스카우트하는 것은 식은 죽 먹기다."

직원교육, 화웨이에 알맞은 인력을 양성하다

화웨이는 처음부터 자사에 맞는 인력을 양성하는 것을 매우 중요시하고 이를 화웨이의 만년 대계로 삼았다.

취업 준비생, 특히 갓 대학 문을 나선 대다수의 졸업생들에게 화웨이는 동경의 대상이었다. 그 이유는 화웨이에서 비용을 아끼지 않고 직원들에게 발전공간을 마련해주었기 때문이다.

우선 화웨이는 인력을 양성하기 위한 제도를 구축하여 화웨이의 조직목표와 사업기회의 요구에 따라 빼어난 인재와 특수공로자들을 파격적으로 승진시켰다. 이러한 승진제도로 회사는 직원들이 자신의 재능을 마음껏 펼칠 수 있는 환경을 제공해 주었다. 근무기간이 얼마인지는 중요하지 않았다. 업무를 착실히 진행하여 뛰어난 실적을 내기만 하면 바로 승진기회가 주어졌다.

다음은 높은 급여이다. 화웨이가 제공하는 높은 급여와 옵션은 고급인력을 끌어들이는 데 중요한 역할을 했다. 화웨이는 한때 중국에서 직원 급여가 가장 높은 회사 중의 하나였다. 신입사원은 정식 근무를 시작하기 전 내부 교육기간에도 급여를 정상적으로 지급받고 복지 혜택을 누릴 수 있었다. 이러한 방식은 새로 입사한 직원들의 걱정을 덜어주고 그들이 착실하게 기업을

> **● 화웨이의 철저한 신입사원 교육**
>
> 화웨이에 입사한 모든 신입사원들은 5개월 동안의 교육을 받는다. 교육을 받는 과정에서 화웨이의 신입사원들은 오로지 실적이라는 화웨이의 정신을 알고 몸소 배우게 된다. 이전의 좋은 학벌이나 위치는 화웨이에서 일하고 성공하는 데 아무 도움이 되지 않는다. 화웨이에서는 실적만이 모든 것을 말해 주기 때문이다.

위해 일할 수 있게 만들었다.

그다음은 사내 분위기이다. 화웨이 단지는 신입사원들에게 익숙한 대학 캠퍼스처럼 설계되었다. 이러한 설계는 지식형 직원들을 위해 활기가 넘치는 근무환경, 학습환경을 마련해 주었다. 신입사원들은 대부분이 갓 대학 문을 나선 졸업생들이기 때문에 기업에 입사하여 변화된 환경에 적응하는 과정에서 어려움을 겪을 수도 있다. 이때 화웨이와 같은 방식은 직원들이 쉽고 편안하게 근무환경에 적응할 수 있게 해주었다. 또한 회사에서는 직원들을 위해 수십 동의 현대적인 아파트를 지어주고 아늑한 주거환경을 마련해 주었다. 이 역시 그들이 업무에 몰입할 수 있는 조건을 만들어준 것이다.

화웨이의 교육기간은 5개월에 달한다. 교육기간의 수업내용은 기업문화 교육뿐만 아니라 군사훈련, 작업장 실습, 기술 교육, 시장에서의 실기연습의 다섯 부분으로 나뉜다. 화웨이의 신입사원들은 우선 2주 동안의 군사훈련과 기업문화 교육을 받게 된다. 아침 6시에 기상하여 조깅을 하는데 이 조깅 시간에 지각하면 본인의 점수를 깎는 동시에 룸메이트의 점수도 깎는다. 이

런 방식으로 팀워크를 강조하면서 대학생 시절처럼 자신만 생각해서는 안 된다는 것을 가르쳐준다.

그 후 3주에서 4주 동안 작업장에서 노동생산 실습을 하게 되는데 맡게 될 업무에 따라 실습내용도 다르다. 이 기간의 학습 중에는 6회에서 7회의 시험이 포함되며 연속 2회 꼴찌를 할 경우 다음 학기에 교육을 더 받아야 하는데, 이후에도 꼴찌를 할 경우에는 사퇴를 당할 수도 있다. 모든 교육이 끝난 후 신입사원들은 우선 화웨이의 각 대리업체에 배치되어 현장의 판매상황과 시장을 이해하고 다시 배정된 부서로 돌아온다. 문제가 발생하여 도움이 필요할 경우 신입사원들은 회사의 모든 사람들로부터 도움을 받을 수 있다.

이러한 교육과정을 거친 화웨이의 신입사원들은 저마다 이 5개월이 지옥 같았다고 느낀다. 그러나 효과는 만점이다. '생존'한 사람들은 다시 태어난 느낌을 받을 수 있다. 신입사원들은 학교에서 받은 학위는 저 멀리 날려버리고 '화웨이인'이라는 네 글자만 뇌리에 깊이 각인되어 혈관 속에서 흐르게 된다.

런정페이는 〈신입사원에게 보내는 글〉이라는 제목의 글에서

'살아남은' 학생들에 대한 높은 기대감을 나타냈다.

"실천은 사람을 변화시키고 한 세대의 화웨이인들을 양성하였다. 전문가가 되고 싶은가? 노동자에서부터 시작하라. 우리회사에서는 이것이 관례이다. 회사에 입사한 지 1주 후면 박사, 석사, 학사 및 그전에 누렸던 모든 지위들은 소실된다. 모든 것은 실제 재능에 의해 다시 결정되며 화웨이의 대부분 직원들은 이미 그렇게 해왔고 여러분도 이 운명의 도전을 받아들이기를 희망한다. 피를 흘리더라도 용감하게 전진하라. 고생을 겪지 않고 어찌 훌륭한 인재로 거듭날 수 있겠는가?"

런정페이는 군인 특유의 스타일로 화웨이를 경영하고 있다. 이 같은 경영방식 속에서 화웨이의 직원들은 규율을 엄격하게 준수하고 고도의 자각성을 유지하게 된다.

런정페이는 신인들을 인재로 양성할 수 있는 능력을 갖고 있을 뿐만 아니라 인재를 남겨둘 자신감도 있다.

사람은 자신의 재능을 마음껏 발휘할 수 있어야 한다. 가치가 있으면 그 가치를 구현시켜야 하고 잠재력이 있으면 그 잠재력을 발굴하여야 하며 가치를 창조하면 그에 상응하는 상이 있어야 한다. 화웨이에서는 누구든지 회사에 더 많이 기여하는 사람이 상을 받게 되고 급여, 복리, 주식 등 물질적 혜택을 포함한 다양한 합리적인 보수를 향유하게 된다. 런정페이는 다음과 같이 말했다.

"화웨이에 입사하기만 하면 높은 급여가 보장되는 것은 아니다. 회사는 기여도에 따라 보수를 주고 책임에 따라 대우를 해주기 때문이다."

내부 주식은 화웨이가 자금을 조달하는 방식 중의 하나이다. 그럼에도 불구하고 많은 사람들은 회사가 95퍼센트의 이익을 직원들에게 나누어주는 방법을 이해하지 못한다. 그러나 런정페이는 이러한 방식을 견지하고 있다. 지분 배분을 통해 지식은 자본으로 전환되고 지식을 생존의 근본으로 하는 화웨이는 끊임없이 생명력을 주입받게 된다. 직원들은 회사의 주식을 보유함으로써 진정한 주인이 되고 회사에 소속감을 느끼며 업무에 더 큰 열정을 가지게 되면서 회사를 위해 더 열심히 일할 뿐만 아니라 스스로를 위해서도 일하게 된다.

화웨이는 신입사원이 경험을 쌓게 하기 위해 멘토링 제도를 개발했다. 이 제도로 인해 직원들은 회사에 근무하며 일하는 동시에 스스로를 발전시키기 위한 노력을 중단하지 않게 되었다. 이것은 직원들이 단계별로 성장할 공간과 기회를 얻게 하고 다른 한 편으로는 좋은 경험이 전승되고 그 경험을 화웨이 전체가 공유할 수 있게 하였다. 런정페이는 최대의 낭비는 노하우의 낭비라고 말한다.

화웨이의 신입사원이 정식으로 일터에 투입되면 멘토 한 명을 배정받게 된다. 이 멘토는 신입사원이 정규직원으로 전환되기 전의 3개월 동안의 실적에 대해 책임지며 신입사원의 실적 또한 멘토의 실적에 반영된다. 멘토는 회사의 문화, 기술, 생활 등 모든 면에서 전적으로 신입사원을 도와주며 정기적으로 소통하여

● 화웨이의 효과적인 멘토링 시스템

화웨이는 신입사원들을 위한 멘토링 시스템이 잘 구축되어 있다. 먼저 입사한 선배가 신입사원의 멘토가 되어 3개월 동안 모든 측면에서 신입사원을 이끌어 준다. 신입사원이 실적을 낸다면 이때 지급되는 인센티브는 신입사원과 멘토가 나누어 갖게 된다. 이것은 신입사원과 멘토 둘 다에게 좋은 동기 부여가 된다.

런정페이, 경쟁의 지혜

CES 2012에서 볼 수 있었던 화려한 화웨이의 부스　▷출처: Wikimedia Commons

신입사원이 경험 있는 멘토의 도움으로 빠르게 성장하도록 이
끌어 주어야 하고, 소중한 경험과 지식이 확산되고 활용되도록
해야 한다.

　화웨이에서 직원들은 자신의 창조력을 충분히 활용하여 그들
이 선호하는 방식으로 문제를 해결할 수 있다. 화웨이는 직원들
이 성장하고 발전할 기회를 제공하기 위해 노력하면서 그들을

격려해준다. 회사에서는 직원들에게 수많은 교육, 견학, 학습의 기회를 제공하여 직원들이 더 이상 피고용자가 아닌 회사의 주인으로서 회사와 더불어 성장하게 한다.

화웨이는 20년 동안의 교육 실천을 통해 인재는 중요하며 인재의 발견도 중요하지만, 발견한 인재를 잘 활용하는 것이 더욱 중요하다는 사실을 알려주고 있다.

7

화웨이식 관리 모델로
성공을 향해 나아가다

기업은 리더십, 잠재력과 팀워크를 갖춘 후 어떻게 시장경쟁에서 효율적인 공격 능력을 키울 것인가? 여기에는 효율적인 조직관리, 기업문화와 관리방식이 필요하다. 관리가 결여되면 서로 힘이 합쳐지지 못하여 시너지 효과가 나지 않는다. 관리가 결여된 조직은 개인의 능력이 아무리 뛰어나다고 해도 결국 혼란스러운 상황 속에서 그 능력을 상실하고 서로에게 피해를 주게 된다.

화웨이는 경영방식에서 서방의 선진적인 경영 마인드를 받아들여 독특한 화웨이식 관리 모델을 만들어냈다. 런정페이는 기

업제도 구축, 조직구조, 사내 교육과 인재배치 등 많은 부분에
심혈을 기울여 화웨이를 성공적인 기업으로 성장시켰다. 런정페
이는 기업의 리더로서 기업의 발전방향을 일관되게 유지하고 점
점 더 앞으로 나아가고 있다.

화웨이가 이룩한 성과들은 런정페이와 다른 기업 경영자 간
의 차이를 보여주고 있다. 이 역시 관리를 중요시한 결과라고 할
수 있다. 런정페이는 다음과 같이 말했다.

"화웨이가 쟁쟁한 적수들과 경쟁하여 이길 수 있었던 중요한

● 직원들의 열정을 이끌어 내는 런정페이

1997년 런정페이는 직원들을 대상으로 한 연설에서 "우리는 날마다
영웅들과 함께 일합니다. 불만을 갖지 않고 자신의 임무를 완수해 내
는 여러분 모두가 영웅입니다."라는 내용을 중심으로 자신의 생각을
힘주어 말했다. 이렇게 영웅을 강조하며 전면에 내세우는 런정페이의
연설은 직원들의 피를 끓어오르게 하면서 열정을 이끌어 내는 데 한
몫을 하고 있다. 이렇게 열정적인 화웨이의 분위기 속에서 사람들은
화웨이에는 직원은 없고 화웨이와 함께 성장하고 발전하려는 영웅과
리더만 있을 뿐이라고 말할 정도라고 한다.

요소는 인력이나 기술, 자금이 아니라 관리와 서비스입니다. 인력, 기술, 자금의 3요소는 관리가 없는 상황에서는 무용지물이며 서비스가 따라가지 않는다면 화웨이는 목표를 달성할 수 없었을 것입니다."

욕망이 있는 자가 영웅이 된다

화웨이가 시장에서 성공을 이룬 후 런정페이의 맹수와 같은 카리스마는 사람들에게 깊은 인상을 남겨주었고 런정페이를 '영

열정적인 몸짓으로 연설하고 있는 런정페이 ▷출처: 연합뉴스

웅'으로 불리게 하였다. 화웨이의 초창기에 런정페이는 '영웅'적인 신념으로 일했고 영웅정신을 기업의 추진력으로 삼았다. 그는 이렇게 말했다.

"욕망이 있는 자는 영웅이 될 것입니다. 일반 직원 중에도 영웅이 있어야 하며, 영웅심리가 없으면 화웨이의 동력이 사라지게 됩니다."

영웅이란 과연 무엇인가? 어떻게 영웅을 효율적으로 활용할 것인가? 런정페이는 줄곧 이 문제를 생각해왔다. 그는 여러 차례의 연설을 하면서 자신의 '영웅관'을 언급했고 화웨이의 직원들이 모두 영웅이 되기를 희망했다. 1997년 런정페이는 한 연설에서 '기업 속의 영웅은 어떤 사람인가?'를 주제로 '화웨이의 영웅'에 대해 설명했다.

"누가 화웨이의 영웅인가? 누가 화웨이의 전진을 견인하는가? 한두 사람의 경영자가 역사를 창조하는 것이 아니라 70퍼센트 이상의 우수한 직원들이 서로 이끌고 떠밀며 화웨이의 전진을 추진하고 있다. 그들이야말로 진정한 영웅이다. 이론적으로 완벽한 영웅은 존재하지 않는다. 영웅은 바로 우리 곁에 있으며 날마다 우리와 함께 숨을 쉬고 있다. 우리는 모두 영웅의 세포를 가지고 있다. 우리가 열심히 일하고 모든 책임을 다한다면, 우리가 곧 영웅인 것이다. 정신적으로 분발하고 고난을 두려워하지 않으며 좌절 앞에서 더 큰 용기를 가진다면 여러분은 곧 영웅이다."

런정페이가 말한 '영웅'은 개인적인 '영웅'이 아니라 팀 전체적인 의미의 '영웅'을 말한다. 화웨이에는 단 한 명의 영웅만 있을 수 없으며 모든 프로젝트팀 역시 한 사람의 노력으로 성공할 수는 없다.

빠르게 성장하고 발전한 화웨이사는 직원들에게 보다 많은 기회를 제공하여 직원들이 한마음으로 협력하고 다 함께 분발하게 하였다. 그와 동시에 타인의 장점을 배우고 자신의 부족한 점을 보완하며 스스로의 협력능력과 기술, 업무수준을 향상시켜 관리자와 리더로서의 재능을 충분히 발휘하여 영웅의 길을 걸을 것을 요구하였다. 모두가 훈장을 받아본 적이 없는 이름 없는 위대한 영웅이 되는 것이다.

이러한 분위기 속에서 화웨이인들은 서로 손잡고 앞으로 나아가며 서로를 보완해 줄 수 있었다. 화웨이는 그들에게 성공을 향한 욕망을 부여하고 성공에 대한 욕망을 가지고 영웅이 되도록 격려한다. 이러한 점들은 런정페이의 인력활용에 대한 기교와 책략을 잘 보여주고 있다.

전쟁에 능한 경영진

화웨이는 회사의 관리자의 발탁을 매우 중요시한다. 관리자의 엄격한 선발기준, 탄탄한 후보자 비축, 철저한 저성과자 도태 등을 중심으로 한 화웨이의 승진제도는 화웨이가 불굴의 의지를 가진, 용감한 전문 경영진을 구축할 수 있는 기초를 마련해 주었다.

대다수 중국 기업들은 중용과 관용의 문화를 선호하고 있다. 그러나 화웨이는 처음부터 그런 문화를 무시했는데, 이것은 화웨이가 당시에 직면한 도전이나 생존과 밀접한 연관이 있으며 런정페이 본인의 개성과도 관계된다. 관리자는 강렬한 도전정신과 프로정신을 갖추어야 하며 업무에 열정이 없는 사람은 고위층에 진입할 자격이 없다. 리더의 열정과 도전정신은 조직 내의 도전정신과 프로정신에 직접적인 영향을 주기 때문이다.

런정페이는 연설에서 화웨이가 우수한 관리자를 가늠하는 세 가지 기준에 대해 거듭 강조했다. 우선, 프로정신이 있고 업무를 진지하게 대해야 한다. 모든 업무에 대하여 문제점을 찾고 개선점을 찾아 실행한 후에도 더 개선할 수 있는지 항상 고민해야 한다. 그다음, 헌신적인 정신이 있어야 하고 시시콜콜 따지지 말아야 한다.

기업의 가치평가 시스템은 절대적인 공평성을 실현할 수 없으므로 헌신적인 정신은 관리자의 소양을 평가하는 매우 중요한 요소 중의 하나가 된다. 관리자가 과도하게 따진다면 그 아래 직원들과 잘 융합될 수 없으며 업무를 훌륭하게 완성할 수 없다. 헌신적인 정신이 없는 사람은 관리에 참여하지 말아야 한다. 그리고 관리자는 책임감과 사명감을 가져야 한다. 이것은 관리자가 기업문화를 완전히 익히고 기업발전의 중책을 맡을 수 있는지를 결정한다.

관리자는 사람 됨됨이가 좋아야 할 뿐만 아니라, 일하는 법도 알아야 하며 착실하고 진지하게 일할 줄 알아야 한다. 이것이 관리자들에 대한 화웨이의 가장 기본적인 요구이다. 말만 하고 실천을 하지 않거나 겉모양만 번지르르한 사람은 일을 제대로 하지 못한 사람으로 화웨이에서는 중용을 받지 못한다. 화웨이는 모든 관리자가 직접 몸으로 뛰며 일을 할 것을 요구한다. 할 일을 찾지 못하고 어디에서부터 손을 써야 할지 모르는 관리자는 도태되는 운명을 면치 못하게 된다.

런정페이는 화웨이의 모든 관리자들이 우수한 업무태도를 갖출 것을 요구한다. 융합과 소통은 관리업무의 영원한 주제로 모든 관리자는 자신과 의견이 일치하는 사람과 융합할 줄 알아야 할 뿐만 아니라, 자신과 의견이 같지 않은 사람과도 흔쾌히 손을 잡을 줄 알아야 한다. 그렇게 하지 못할 경우 관리자로서의 자격이 결여된다고 평가되며 영원히 승진할 기회를 얻지 못하게 된다.

화웨이는 관리자에 대한 자신만의 원칙을 고집스럽게 지키고 있는데, 그것은 바로 '관리자는 회사 내부에서 선발되어야 하고 실천 속에서 발견되어야 한다.'는 것이다. 관리자 선발에 있어 화웨이는 민주적인 선거를 치르거나 서로 치열하게 경쟁을 하게 하는 대신 철저하게 마련된 제도를 통해 선발하고 등용한다. 이러한 제도에는 직위체계, 임직자격체계, 실적 심사시스템, 관리자 선발과 양성 원칙, 관리자 선발과 임용 절차, 관리자 평가 등이 포함된다.

우선, 화웨이는 직위의 요구와 자격 기준에 따라 직원에 대한 인증을 실시한다. 인증의 핵심은 직원의 성품, 소양과 업무 완성 결과 등이다. 인증이 끝난 후 해당 직원에 대한 전면적인 조사를 진행하는데 직속상사, 부하직원, 주변 인물의 평가를 통해 해당 직원의 업무상황을 철저하게 확인한다. 조사가 끝난 후 임직 전 공시를 진행하여 해당 관리자가 직원들의 감독을 받게 한다. 매번 임명은 보름 동안 공시되며 공시기간에는 모든 직원들이 의견을 제기할 수 있다. 관리자로 임명된 뒤에는 적응 기간을 갖게 되며 멘토를 배정받는다. 적응 기간이 끝난 후 멘토와 관련 부문으로부터 합격을 인정받아야 정식으로 등용된다.

이처럼 화웨이의 모든 관리자의 정식 임명은 여러 단계의 심사를 거쳐야 한다. 이 심사에는 국제적으로 통용되는 심사기준이 있는가 하면 화웨이만의 독특한 선발요구 조건도 있어서 최종적으로 임명받은 사람은 해당 업무의 요구조건에 최적으로 부합되는 인물이라고 할 수 있다. 런정페이는 이러한 제도로 전투력이 충만한 관리팀을 확보하였다.

프로의 길, 화웨이 기본법

런정페이는 다음과 같이 말했다.

"훌륭한 규칙 하나를 제정하는 것은 직원들을 끝없이 비평하는 것보다 훨씬 효율적이다. 이러한 규칙은 대다수 직원들이 업무 부담과 책임을 분담하도록 한다."

이것이 바로 〈화웨이 기본법〉이 출범하게 된 이유이다.

런정페이가 발기하고 중국인민대학 관리고문이 참여하여 제정한 〈화웨이 기본법〉은 총 6장, 103조로 구성된 기업의 내부 규정들로, 지금까지 중국 현대기업에서 가장 완벽하고 가장 규범화된 '기업 기본법'으로 불리고 있다. 그 내용은 기업의 발전 전략, 제품과 기술정책, 조직건설의 원칙, 인력자원 관리와 개발 및 그에 알맞은 관리유형과 관리제도 등 모든 측면들을 망라하고 있다. 업계에서 큰 화제를 일으킨 이 기업 기본법은 법률, 법

바르셀로나에서 열린 GSMA 모바일 월드 콩그레스 2011. 화웨이의 로고가 크게 보인다.
▷출처: Wikimedia Commons

규, 법칙과는 다른 표현법으로 화웨이의 창업 이후의 성공 경험과 실패 교훈을 총결하고 있으며 회사의 핵심가치관에 대해 개괄하고 있다.

그러나 일류의 다국적 회사와 접촉하는 과정에서 런정페이는 〈화웨이 기본법〉의 독특한 언어유형으로는 글로벌화한 대기업과 값진 대화를 이어갈 수 없다는 것을 발견했다. 이것은 기업이 고객을 위해 가치를 창조하는 사명을 짊어지려면 반드시 통용되는 상업가치관과 일련의 표준 절차와 제도를 준수해야 한다는 것을 의미한다.

화웨이는 〈화웨이 기본법〉에 대한 수정 진행을 곧바로 실천으로 옮겼다. 화웨이의 청사진은 다시 그려졌고 사명 역시 변했다. "사람들과 풍부히 소통한다.", "고객이 관심을 가지는 것에 초점을 맞추고 경쟁력이 있는 통신 솔루션과 서비스를 제공하며 고객에게 최대의 가치를 창조해준다." 이것이 바로 화웨이 기본법의 새로운 핵심이다.

런정페이, 경쟁의 지혜

8

위기 속에서 살아남기

　기업의 위기의식을 언급할 때 사람들은 흔히 런정페이를 예로 들곤 한다. 사람들의 기억 속에 런정페이는 항상 한파가 왔다고 부르짖었다. 그는 그렇게 부르짖으며 중국 내수시장에서 국제시장으로 나아갔고, 제3세계 시장에서 선진국 시장으로 나아갔다. 화웨이가 세계 최대의 통신설비 공급업체와 어깨를 나란히 할 때에도 그는 여전히 위기를 외치고 있었다.

　위기, 그것은 기업이 경쟁자와의 차이를 꾸준히 좁혀나가는 동력이기도 하다. 끊임없는 자아비판과 냉정한 미래지향적 의식은 화웨이에 동력을 부여했고, 화웨이가 최적화된 상태를 유지하고 내부의 힘을 집중하도록 했다. 이를 바탕으로 한파가 닥칠

때마다 화웨이는 항상 경쟁자들보다 먼저 위기에 대처하는 해결책을 찾을 수 있었고, 기업의 안정적인 발전을 위한 튼튼한 토대를 마련할 수 있었다.

위기의 존재를 예감하고 한파의 도래를 예언하는 것은 결코 런정페이가 비관론자이기 때문이 아니다. 이것은 오로지 화웨이가 우환의식 속에서 성장하고 우환의식 속에서 성숙되며 우환의식 속에서 전진한다는 것을 의미할 뿐이다.

'우환에 살고 안락 속에서 죽는다.'라는 말과 편안한 가운데서도 위태로움을 잊지 않는다는 뜻으로, 항상 마음을 놓지 않고 스스로를 경계함을 이르는 말인 '안불망위'는 런정페이에 의해 새롭게 해석되었다.

첫 번째 한파

런정페이의 첫 번째 한파 주의보는 기업 내부를 대상으로 내려졌다. 〈화웨이의 겨울〉이라는 글이 발표되자, 이 한파 주의보로 인해 전 중국의 기업계가 한기를 느낄 정도였다. 이 글을 통하여 화웨이는 중국 기업계에서 새로운 지위를 확립했고 위기를 중요시하는 화웨이의 기업문화는 큰 영향력을 과시했다. 2000년 연 매출액은 152억 위안에 달하고, 순이익은 29억 위안을 기록하면서 화웨이가 중국 100대 전자기업 가운데 1위를 차지했음에도 화웨이의 창시자인 런정페이는 여전히 한파 주의보를 외쳤다.

많은 인터넷사이트와 기업의 내부 간행물에서 〈화웨이의 겨울〉을 대거 실었고, 수많은 기업가들과 MBA 재학생들이 이 글을 중요한 자료로 삼아 정독했다. 런정페이는 〈화웨이의 겨울〉의 서두에서 이렇게 말했다.

"회사의 모든 직원들은 생각해본 적이 있는가? 어느 날 갑자기 회사의 매출과 이익이 하강세를 보이더니 심지어 파산에 이른다면 자신은 어떻게 해야 할 것인가?"

이 글에 이어 런정페이는 급여 삭감과 인원 감축에 대하여 자신의 견해를 발표했다.

"화웨이사에 위기가 닥쳐 직원들의 급여를 절반으로 줄이고 직원을 절반으로 감축하여 회사를 살릴 수 있다면 그것은 위기가 아니다. 만일 인원 감축과 급여 삭감으로도 회사를 살릴 수 없다면 그때는 어떻게 할 것인가?"

이념을 제기한 다음은 행동이다. 런정페이는 10가지 조치를 제정했다. 이 조치에는 관리를 개선하고, 약한 고리를 보완하며, 균형적인 발전을 견지하고, 절차와 효율성을 위주로 하는 관리 시스템의 건설을 강화하며, 업무를 최적화하고 기여도를 향상시키는 등의 일들이 포함되어 있었다. 그 외, 회사 내에 통일적인 평가시스템을 구축하여 직원들이 내부에서 자유롭게 이동하여 업무의 균형을 맞추도록 하였다. 또한 자기비판을 위주로 하는 조직 개조와 개선 운동을 진행하고 관리자들은 프로정신, 헌신 정신, 책임감과 사명감을 갖고 있어야 한다는 것을 분명히 했다. 혁신을 지나치게 강조하거나 불필요한 혁신을 단행하는 대신에 안정된 절차와 규범화된 관리를 유지할 것을 명시하였다.

런정페이는, 화웨이는 하나의 공급라인이며 미래의 경쟁은 공급라인의 경쟁이라고 말했다. 화웨이는 부품업체, 시스템업체, 제조업체, 대리판매업체 등 수백 개의 공장을 연결하는 매우 방대한 라인이다. 이러한 라인업은 화웨이의 동맹군이 되어야 한다. 그들의 작은 도움이 모두 모인다면 그 도움들이 큰 힘이 되어 화웨이는 한파를 무사히 넘길 수 있다. 화웨이는 바로 이러한 방식으로 첫 번째 위기를 안전하게 넘겼다.

두 번째 한파

2004년은 중국이 거시경제 조절을 강화하던 때로 많은 기업들이 최후를 맞이한 해였다. 2000년 네트워크 산업의 거품이 붕괴된 여파가 해소된 후 중국의 네트워크 기업들은 대거 나스닥에 몰렸다. 이러한 호황에 IT 산업도 활기를 띠기 시작했다. 그해 9개의 중국 네트워크 회사가 나스닥과 홍콩에 성공적으로 상장했다. 레노버(联想) 역시 그해 말 IBM의 PC 부문을 인수했다.

그러나 런정페이는 다른 생각을 갖고 있었다. 런정페이는 또한 번 화웨이에 주의보를 내려 한파를 경계할 것을 지시했다. 이번 주의보는 2004년 4분의 3분기 화웨이의 내부 연설에서 언급되었다. 13,000자에 달하는 장문의 연설 속에서 런정페이는 화웨이가 직면한 준엄한 상황을 검토하고 재조명하면서 이 생사를 가르는 싸움의 본질은 품질, 서비스와 원가의 경쟁이라고 지적했다.

이것은 화웨이의 기업규모가 한층 발전한 것과 무관하지 않다. 2004년 화웨이가 전 세계적 범위에서 실현한 실제 매출액은 38.27억 달러에 달했으며 회사의 17년 역사상 최고치를 기록했다. 세계 시장에서의 큰 폭의 매출 성장은 화웨이의 전체 매출 성장에 중요한 기여를 했다. 이러한 양호한 상황에서 런정페이는 단기적인 흐름이 아닌 장기적인 추이에 대해 예측했다. 그는 이번 한파의 원인은 업종 전반의 공급과잉이라고 지적하면서 전반적으로 정보산업이 모두 한파를 겪고 있다고 말했다. 정보산업은 기술이 나날이 간소화되면서 앞선 기술로는 더 이상 시장 우위를 형성할 수 없으며, 그 대신에 고객관계와 고객의 요구가 가장 중요한 요인이 될 것이라고 말했다.

당시 화웨이는 원가에서 우세한 위치를 점하고 있었다. 특히 서구국가의 기업들과 비교하면 화웨이의 연구 개발 원가는 세계적 기업의 약 3분의 1밖에 되지 않았다. 또한 화웨이의 성장세도 상대적으로 좋았다. 런정페이의 분석에 따르면 전통적인 경제 규제는 자원에 대한 조정을 통해 완성된다. 그러나 정보산업에서는 아무도 자원을 통제할 수 없다. 정보산업의 발전은 두

가지 요소에 근거하는데, 하나는 디지털이고 다른 하나는 실리콘의 원료인 이산화규소이다. 이 두 가지는 모두 고갈되지 않는 자원이므로 전자제품의 과잉을 초래할 수밖에 없다. 이 생사존망을 가르는 싸움의 본질은 필연코 품질, 서비스와 원가의 경쟁이 된다. 이러한 요인들을 분석한 후 런정페이는 화웨이의 실력으로 이 어려움을 이겨낼 가능성이 서구국가의 기업이나 소규모의 회사들보다 크다고 판단했다.

화웨이는 또 한 번 스스로 전략을 바꿨다. 우선 화웨이는 적극적으로 해외시장을 확장하였다. 해외시장 확장으로 내수시장에서의 성장속도가 일정하게 둔화되는 것을 허용했으나 타 업체에 비해 속도가 너무 느려서는 안 된다고 판단하였다. 화웨이는 제품의 품질을 향상시키고 서비스를 개선하는 동시에 원가를 낮추었다. 경쟁자들과의 협력도 적당히 도모하여 연구 개발 원가를 절감하였다.

이러한 상황에서 런정페이는 계속하여 화웨이의 다른 한 가지 주제를 강조했다. 그것은 바로 인력자원이다. 런정페이는 시장이 저조기에 처한 시기를 이용하여 막강한 조직을 양성해내고 인당 효율이 향상되기를 원했다. 런정페이는 실적평가 관리를 강화하고 저성과자를 도태시켜 조직을 전반적으로 활성화시켰다. 그는 저성과자 도태는 영원히 계속될 것이며, 연구 개발 시스템의 전략적 구조와 조직구조는 환경의 변화에 따라 조정되고 변화되어 한파가 지나가고 봄날을 맞이할 때 조직구조와 전략의 안정성이 확보되어야 한다고 생각했다.

세 번째 한파

런정페이가 한파 주의보를 내릴 때는 늘 화웨이가 새로운 단계로 올라설 때였다. 2007년 화웨이의 매출액은 125.6억 달러에 달했고 세계 통신설비업체 중에서 5위권에 진입했다. 기업의 발전이 이 정도에 이르면 다들 성과를 자축할 시기가 됐다고 생각할 만도 하다. 적어도 한번쯤은 발걸음을 멈추고 숨을 고를 것이다. 그러나 2008년에 들어서자마자 런정페이는 세 번째 한파를 경고했다.

런정페이는 더 높은 자리에 서 있었다. 이번 경고는 다른 경고들과는 달랐다. 런정페이는 지금의 형세와 경쟁자에 직면하여

런정페이, 경쟁의 지혜

GSMA 바르셀로나 2008에서의 화웨이 부스 안내대 ▷출처: Wikimedia Commons

화웨이는 국제 시장질서의 수호자가 되어야 하며 파괴자가 되어서는 안 된다고 지적했다. 강자로부터 배우고 그들의 시장에서의 선도적 지위를 존중해야 하며 적극적이고도 질서 있게 경쟁을 벌여야 한다고 말했다. 여기에서 런정페이는 또 한 번 자신의 위기경험을 언급했다.

"우리는 다른 회사에 비해 이 경쟁의 잔혹함을 좀 더 일찍 알았기 때문에 재난을 모면할 수 있었다."

화웨이가 이루어낸 발전은 훌륭한 성적인 동시에 새로운 도전이기도 하다. 기업의 리더로서 런정페이는 앞으로 부딪칠 문제를 어떻게 풀어나갈 것인지를 반드시 고민해야 했다. 그는 비관할 수도 있고 의기소침할 수도 있으나 문제를 외면할 수는 없었다. 그는 다음과 같이 말했다.

"물론 전에 저도 비관한 적이 있어요. 고민도 많이 했고 의기소침했던 적도 있었어요. 화웨이에 약간의 이변이라도 생기면 급여는 어떻게 지급합니까? 저에게는 그게 너무나도 큰 스트레스였어요."

런정페이는 직원의 자살사건에 대해서도 매우 가슴 아파했

런정페이, 경쟁의 지혜

다. 이 사건을 계기로 그는 화웨이가 심리검사에 소홀하여 힘들어하는 직원에 대한 관심이 부족했음을 깨달았다. 이러한 상황을 만회하기 위해 화웨이는 일련의 새로운 조치를 실시하기 시작했다. 현장에서 입찰을 진행하거나 강도 높은 작업을 맡아 하는 등 스트레스가 지나치게 큰 직원들에게 단기 휴가를 주어 해

● 런정페이가 말하는 화웨이의 약점과 해결 방법

화웨이의 많은 사람들이 돈을 만지게 되면서 힘들고 어려운 일을 두려워하기 시작했다. 2013~2014년쯤의 일이다. 언제부터인가 직원들은 중국 안의 좋은 지역에 웅크려 앉아 가족과 함께 편안히 지내려고만 하고 해외로 파견 나가는 것을 꺼렸다. 이것은 곧 화웨이의 약점이 되었다. 런정페이는 이 약점의 해결 방법과 결과에 대하여 다음과 같이 말했다.

"나는 최전선에서 일하고 있는 직원들의 대우를 높여 주었습니다. 근무조건이 열악한 외국에서 힘들지만 열심히 일하는 직원에게는 빠른 승진의 기회와 물질적 보상을 안겨 주었지요. 효과는 바로 나타났습니다. 먼 외국에 나가 있는 젊은 직원들은 아예 그곳에 눌러앉을 생각인지도 모르겠습니다."

변으로 힐링 여행을 가도록 권유했다. 휴가 비용은 전부 회사에서 부담했다. 그리고 일부 건강상태가 나빠진 직원들에 대해서는 5성급 호텔에서 잠시 쉬도록 배려해 주었다. 화웨이의 직원들이 해외에서 뜻밖의 사고를 당할 경우에는 헬기로 그들을 큰 병원으로 신속히 옮겨 응급치료를 받도록 했다.

한파 주의보와 위기의식이 이미 화웨이의 세포 깊숙이 박힐 무렵 일부 기업들은 그제야 기업의 발전은 외부경쟁과도 관계되지만, 근본적인 원인은 결국 내부요인에 있다는 것을 인식했다. 기업은 지속적으로 위기의식과 혁신정신을 유지하고 건강한 내부체제를 형성해야만 장기적으로 내부 활력을 유지할 수 있고 끊임없이 성장할 수 있다.

런정페이, 경쟁의 지혜

9

자원을 증가시켜
전략적 우위를 유지하라

"우리는 이미 통신업계의 선두주자가 되었습니다. 다음 걸음을 어떻게 걸을 것인가는 매우 어려운 문제입니다. 우리는 지금까지 선진국의 기업들이 걸어온 길을 모방하며 여기까지 왔지만, 이제는 우리도 우리의 길을 만들어나가야 합니다."

이 내용은 런정페이가 2010년 11월 말 '화웨이 클라우드 컴퓨팅 발표회'에서 한 연설의 일부분이다.

당시 이미 66세였던 런정페이는 화웨이와 더불어 23년을 걸어오면서 화웨이를 점점 발전시켜 거대 기업으로 만들었고, 세계 전신설비 시장에서도 입지를 굳히게 되었다. 그러나 어떻게 이러한 전략적 우위를 계속 유지하면서 '추종자'로부터 '선두주자'로의 역할 전환을 완성할 것인가 하는 것은 여전히 런정페이와 화웨이 앞에 놓인 숙제이다.

추종자에서 선두주자로

정보산업은 이미 '클라우드' 시대에 접어들었다. 이러한 시대적 변화는 화웨이가 보다 개방적인 마음가짐과 신속하고 정확한 시장 대응능력을 갖출 것을 요구하고 있다. 콘텐츠와 기술 및 사업 모델은 클라우드 컴퓨팅으로 인하여 끊임없이 변화하며, 이미 성과를 거둔 화웨이에 계속 도전장을 내밀고 있다. 미래의 전망은 어떠하며 어떤 도전에 직면할 것인가? 이것은 결코 섣불리 낙관적으로 생각할 문제가 아니다.

현실의 성과에 안주하면서 화웨이의 현 상태를 계속 유지할 것인가, 아니면 보다 큰 꿈을 향해 노력할 것인가? 런정페이의 마음속에는 끝이 보이지 않는 미래가 그려져 있을 것이다. 그가 그려온 화웨이는 여기가 끝이 아닐 것이다. 화웨이는 더 큰 꿈을 꾸어야 하고 더 큰 미래를 맞이해야 할 것이다.

클라우드 컴퓨팅의 핵심적인 본질은 개방성, 상호 이익 및 자원과 정보의 공유이다. 화웨이가 클라우드 컴퓨팅 전략에서 계속 멋진 행보를 이어가려면 무엇보다도 겸허하고 우호적인 자세를 취해야 할 것이다.

● 클라우드 컴퓨팅과 런정페이

클라우드 컴퓨팅은 인터넷 기반의 컴퓨터기술(Computing)을 뜻한다. 이때 구름이라는 뜻의 클라우드(Cloud)는 컴퓨터 네트워크상에 숨겨진 복잡한 인프라 구조, 인터넷을 의미한다. 클라우드 컴퓨팅은 인터넷상의 서버를 통하여 데이터를 저장하고, 네트워크, 콘텐츠를 사용하는 등 IT 관련 서비스를 한 번에 사용할 수 있는 컴퓨팅 환경이다. 따라서 사용자는 필요한 소프트웨어를 자신의 컴퓨터에 설치하지 않고도 인터넷에 접속하여 언제든지 사용할 수 있고, 그와 동시에 다양한 정보통신 기기로 데이터를 손쉽게 공유할 수도 있다.

런정페이는 이러한 클라우드 컴퓨팅 전략의 중요성을 깨닫고 클라우드 컴퓨팅 산업에 주저하지 않고 뛰어들었다. 그리고 자신 있게 말했다. 머지않아 화웨이는 클라우드 플랫폼에서 시스코를 따라잡고 더 나아가 뛰어넘을 것이며, 클라우드 서비스에서 구글에 전혀 뒤지지 않게 될 것이라고 말이다.

산전수전을 다 겪은 런정페이는 벌써 이 점을 짚어냈다. 화웨이가 업종의 선두주자 자리를 지켜내며 계속 발전하려면 반드시 클라우드 컴퓨팅 전략을 펼쳐야 한다. 또한 이 한 걸음의 성패는 화웨이가 오랜 기간 고집해온 폐쇄적인 발전방식을 바꾸는 데 달려 있다. 클라우드 플랫폼에서 화웨이는 개방적이어야 하기 때문이다.

화웨이의 모뎀　▷출처: Wikimedia Commons

런정페이, 경쟁의 지혜

"우리는 폐쇄적인 방식을 바꾸어 개방하고 협력하며 윈윈 전략을 실현해야 합니다. 우리는 스스로 어려움을 이겨내고 이익을 서로 나누어야 합니다. 꽃을 많이 심고 가시가 있는 나무를 적게 심으며 친구를 많이 만들고 적을 적게 만들어야 합니다. 더욱 많은 사람들과 마음을 한데 합하여 서로 이익이 되게 하며 독불장군이 되지 말아야 합니다."

클라우드 컴퓨팅은 이미 업계 전반적으로 많은 대기업들에 의해 차세대의 초석이 될 것임이 검증되었다. 당초에 기술개발에 매료되어 '메이드 인 차이나'에 심혈을 기울였듯이 런정페이는 반드시 업계 선두주자의 길을 가게 될 것이다. 이것은 화웨이의 또 하나의 전략적 도약이 될 것이며 또 하나의 위대한 장이 열렸음을 의미한다.

핵심능력으로의 회귀

1990년대는 화웨이가 빠르게 발전하던 시기였다. 수년 동안의 끊임없는 연구와 노력을 거쳐 화웨이는 각종 설계 규격과 방법론을 개발하고 응용하면서 제품의 전반적인 품질과 신뢰성을 꾸준하게 향상시켰다.

훌륭한 서비스는 고객에 대한 화웨이의 약속이다. 이 약속에는 '윈윈을 실현하자—서비스하는 화웨이, 가치가 향상되는 네트워크'라는 화웨이의 슬로건이 늘 따라다닌다. 화웨이는 끊임없이 고객 서비스 방안에 대하여 연구하고 화이트 골드, 골드, 실버 서비스 등 새로운 서비스 방안을 내놓아 고객이 선택할 수 있도록 했다. 또한 고객의 요구에 따라 서비스 패키지를 맞춤 제작하기도 하면서 고객의 다양한 요구를 충족시켜 주었다.

아울러 고객이 평생 제품을 사용함에 있어 발생되는 비용을 줄이기 위해 화웨이는 ISC, IPD를 출시하여 IT 시스템의 변혁을 꾀하고 개발과정에서의 원가를 절감하였다. 일부 제품과 사업의 개발 과정에서 화웨이는 고객을 위하여 전체 비용을 최대한 절감시키려고 노력했다.

고객 가치는 기업의 핵심경쟁력의 중요한 특징이다. 다시 말해서 고객에게 장기적인 핵심 이익을 제공하는 것은 기업의 핵심경쟁력을 평가하는 기초라고 할 수 있다. 고객은 자신의 가치가 훌륭하게 보장되는 기업을 선택하여 그 기업의 제품을 사용하고 서비스를 제공받는다. 기업에 대한 고객의 인정이 있어야만 그 기업은 고객으로부터 신뢰를 받을 수 있다.

서비스의 품질을 보장하고 원가를 절감하는 것은 화웨이가 일관되게 견지해 온 원칙이다. 런정페이는 오직 고객의 요구에 초점을 맞추고 고객의 요구를 끊임없이 충족시켜 주어야만 고객에게 빈틈을 보이지 않을 수 있다는 것을 잘 알고 있었다.

2002년, 조심스럽게 앞으로 나아가던 화웨이는 또 한 번의 변신을 준비하고 있었다. 런정페이는 외국의 '기술 지상주의'와 대립되는 경쟁책략을 명확하게 수립했다.

"훌륭한 품질과 서비스를 제공하고 운영비용을 절감시키며 고객의 요구를 우선 충족시킨다."

이러한 책략 아래 화웨이는 관리 프로세스, 이익 창출에 대한 개선 작업에 속도를 내기 시작했다.

바로 이때부터 '고객은 우리가 생존할 수 있는 유일한 이유이다.'가 화웨이 가치관의 제1조로 자리 잡았다. 화웨이의 새로운 변혁이 시작되었다.

"우리가 변혁을 진행하는 기본원칙은 고객을 중심으로 하고 생존을 최후 방어선으로 하는 것이다."

'고객의 요구에 초점을 맞추어야만' 고객에게 만족을 줄 수 있다. 화웨이는 수시로 고객만족도 조사를 진행하여 정보를 수집하고 고객의 의견을 발전의 방향으로 삼았다.

고객에게 좀 더 가까이 다가가기 위해 화웨이는 여섯 가지 범해서는 안 될 오류를 명확하게 제기했다. "고객과 동떨어져 있으면 고객의 소리를 듣지 못한다.", "자기중심적이고 고객의 요구를 외면한다면 고객의 의견을 듣지 못한다.", "겉만 본다면 본질을 보지 못한다.", "해명을 하지 말고 있는 대로 받아들인다.", "큰 것을 잡으려고 작은 것을 놓치면 잠재적인 성장 포인트를 발견하지 못한다.", "변화하는 환경에 직면하여 기존의 규칙과 이념을 고수한다."와 같은 여섯 가지이다. 이 내용에서 화웨이가 얼마나 세심하게 고객을 대하고 있는지 잘 느낄 수 있다.

무슨 일이든지 말보다 행동이 중요하다. 화웨이의 직원들은 구호만 요란하게 외치지 않고 실제 행동으로 옮긴다. 화웨이의 설비에 문제가 발생하면 화웨이의 기술자들은 가장 빠른 속도로 현장에 달려가 밤낮을 가리지 않고 즉시 보수해준다. 이것은 모든 기업이 쉽게 할 수 있는 일이 아니다.

2000년 설날, 헤이룽장(黑龍江)의 어느 랜 교환기의 작동이 멈추었는데, 어느 업체의 설비에 문제가 생겼는지 알 수 없었다. 화웨이는 그 소식을 접하자마자 심천에서 즉시 기술자를 파견하여 그날 바로 헤이룽장에 도착하도록 했다. 검사 결과 화웨이의 설비에는 문제가 없었고, 다른 업체의 설비에 문제가 발생한 것으로 확인되었는데 그 업체는 아무런 대응도 하지 않았다. 고객지상주의 이념의 영향을 깊게 받은 화웨이의 기술자는 이해득실을 따지지 않고 우선 자사의 접속망을 다른 라우터에 접속시켜 통신장애 문제를 해결하였다. 이 과정을 직접 본 고객은 기쁨

● 화웨이가 상장을 안 하는 이유

런정페이는 화웨이가 상장을 안 하는 이유는 이익을 중시하지 않기 때문이라고 말한다. 화웨이와 자신은 목표와 이상을 향하여 경쟁자들과 맞서 싸우며 앞으로 나아갈 뿐이라고 말한다. 런정페이는 만약 화웨이가 상장을 하게 된다면 주주들이 증시에서 돈을 버는 데에만 신경을 쓰게 될 것이라고 생각하고 있다.

을 감추지 못했다.

화웨이는 고객의 만족도를 매우 중요시하여 매년 전문 인력을 배치하여 고객 만족도 조사와 분석을 진행한다. 2001년에 진행된 고객 만족도 조사에 따르면 응답자의 87퍼센트가 화웨이사에 '만족' 또는 '매우 만족'을 표시했고, 절반에 달하는 응답자들이 화웨이의 제품과 서비스가 다른 강력한 경쟁자에 비해 '우수' 또는 '매우 우수'하다고 평가했다. 화웨이사에 '불만족' 또는 '매우 불만족'이라고 답한 응답자는 1퍼센트에 불과했다.

10

견지는 가장 큰 경쟁력이다

20여 년의 발전을 거쳐 화웨이는 국제화를 실현한 중국 기업의 대표적인 상징이 되었고, 화웨이가 걸었던 길은 수많은 중국 기업들이 배워야 할 교과서가 되었다. 그러나 런정페이와 화웨이는 '살아남는 것이야말로 진정한 해결책'이라는 낮은 자세로 경쟁에 임하고 있다. 20여 년의 경영 비결을 갖고 있는 런정페이는 누구보다도 그 말의 의미를 잘 이해하고 있다.

지속가능한 발전이라는 난제 앞에서 화웨이의 경쟁자는 바로 자기 자신이다. 앞으로도 화웨이가 지속적으로 발전할 수 있을지는 후임자가 얼마나 회사의 핵심가치관을 잘 받아들이고 개선해 나갈 수 있는지에 달려 있다. 후임자, 지분, 국제화 등 화웨이 앞에 놓여 있는 모든 문제는 '런정페이 다음 시대'의 화웨이가 반드시 겪어야 할 진통일지도 모른다.

퇴직사건으로 세상을 놀라게 하다

2007년 10월, 화웨이는 또 한 번 여론의 이슈로 떠올랐다. 심지어 화웨이라는 이름을 들어보지도 못했던 사람들마저 이 사건을 주목하면서 논쟁은 일파만파로 번졌다. 이 논쟁은 다름 아닌 화웨이가 새롭게 실시한 내부의 구조 조정에서 비롯되었다. 런정페이는 다음과 같이 공표했다.

"나, 런정페이를 포함하여 화웨이에 재직한 지 만 8년차 되는 직원들은 모두 자진 퇴직하고 다시 경쟁을 통해 채용되며 1~3년의 고용계약을 맺는다. 기존의 직원 ID는 전부 폐지되고 모든 ID가 새롭게 생성된다. 또한 퇴직한 모든 직원들은 회사에서 지급하는 배상금을 받을 수 있다."

그달 29일, 런정페이가 말한 조건에 해당되는 화웨이의 모든 직원들은 직책 조정과 급여 조정을 마쳤다.

이 사건은 노동사회보장부를 놀라게 했지만, 심천 노동국의 조사결과는 전혀 예상 밖이었다. 구조 조정으로 화웨이의 내부 모순이 격화되지 않은 탓에 심천 노동국에서는 이에 대한 신고를 한 건도 받지 못했고, 조사는 이렇다 할 성과 없이 끝나고 말았다. 그러나 화웨이 내부에서 이 사건은 한 차례의 지진과도 같았고 불안한 정서가 회사 내부에 가득 차 있었다. 화웨이인에게 있어 '직원 ID'는 서열을 가릴 수 있는 근거였던 것이다. 따라서 오래된 공신들은 높은 급여를 받으면서 대충 시간을 보내도 큰 잘못으로 인식되지 않았다. 그러나 이것이 바로 화웨이가 당시

● 통신 영역, 그 한 길에만 집중한 런정페이

런정페이는 약 28년 동안 흔들림없이 통신 영역, 그 한 길에만 집중하여 사업을 펼쳤다. 런정페이는 통신이란 기술이 가장 중요하다고 생각했기 때문에 연구 개발에만 해마다 600억 위안, 우리 돈으로 10조 8,000억~11조 원 정도를 투자하고 있다. 더욱이 앞으로 연구 개발 비용을 30퍼센트까지 늘릴 계획이라고 한다. 이러한 연구 개발에 대한 끊임없는 열정과 노력 덕분인지 많은 중국 기업들이 모방 제품을 만들어 비난을 받지만, 모방하지 않는 화웨이는 그런 비난에서 자유롭다.

마주했던 난제였다.

2007년 화웨이는 유례없는 발전기회와 도전을 맞이했고 직원 수는 급속도로 늘어났다. 통계에 따르면 화웨이의 각 제품라인에서 2005년 이후 입사한 직원들의 비율이 50퍼센트 이상에 달했고 심지어 일부 제품라인에서는 70퍼센트에 달했다. 직원 수는 증가되었으나 효율은 오히려 떨어졌다. 그때 당시의 상황을 살펴보면, 회사에 대한 기여와 제품을 위한 분투를 논하는 사람이 적고 조건과 대우를 따지는 사람이 많았다. 많은 직원들이 빠른 속도로 승진하여 관리자가 되어 말단 직원에 대한 교육과 실적 지도가 부족했으며, 화웨이만의 조직 분위기가 형성되지 못하고 기존의 경험과 문화가 희석되었다. 과학기술 혁신과 선도를 주요 경쟁우위로 하는 화웨이는 기존에 누적된 경험을 보존해야 할 뿐만 아니라, 비축된 지식을 끊임없이 확대하고 새로운 지식 구조를 보강해야 했다. 또한 오래된 직원들은 불굴의 투지를 유지해야 할 뿐만 아니라 신입사원들은 뜨거운 열정을 가져야 했다. 이것은 화웨이가 새로운 발전단계에 진입한 후 반드시 해결해야 할 문제들이었다.

화웨이의 자료에 따르면, 6,687명의 고급, 중급 관리자와 직원들이 이번 퇴직사건에 휘말렸다. 최종적으로 6,581명의 직원들이 새롭게 계약서를 체결하고 직무에 복귀하였고, 38명의 직원들이 자진하여 퇴직을 선택하였으며, 52명의 직원들은 개인적인 이유로 회사를 떠나 다른 발전 가능성을 도모했고, 16명의 직원들은 실적부진, 업무능력 등의 원인으로 회사를 떠났다.

화웨이의 보상방식에 따르면, 직원들은 연속 근무연한에 따라 지급되는 보상비용 외에 별도로 1개월분의 급여를 받았다. 계약 해지 전 12개월의 평균 급여를 지급했을 뿐만 아니라 전 연도 상여금의 월 평균금액도 지급했다. 더 중요한 것은, 모든 이직 직원들은 계약 해지 후 경쟁을 통해 다시 채용될 수 있으며 사직 후 다시 채용될 때까지의 대기 기간에는 5일~1개월의 유급휴가를 즐길 수 있었다. 이 기간 동안 그들이 보유한 주식도 그대로 유지되었다. 이러한 이익 배분은 상당히 유혹적이었다.

추산에 따르면, 이번 집단 퇴직사건을 통하여 화웨이가 지급한 배상금은 10억 위안에 달했는데, 이 역시 화웨이의 실력을 보여준다. 그러나 외부에서는 이 사건을 달리 해석하고 있다. 이는 런정페이가 근무연한에 따라 직위가 결정되는 시스템을 폐지하고 직책에 따라 급여를 지급하는 인력제도를 형성하기 위해 고안해낸 방법이었다는 것이다.

결과적으로 런정페이는 이러한 방식을 통해 다시 직원들의 열정을 자극했다. 이번 인사 변혁에서 런정페이는 이사회에 퇴직을 신청했고 이사회는 그의 퇴직을 수리한 뒤 그를 다시 CEO로 초빙했다. 2007년 12월 14일 런정페이는 다시 임용되었다. 화웨이는 여전히 조용하게 스스로 정한 목표를 향한 발걸음을 계속하고 있다.

런정페이 이후 전설은 계속될 것인가?

설립 20여 년인 화웨이는 여전히 젊고 계속 성장해가야 할 나이지만 런정페이는 이미 나이가 들었다.

후임자 문제는 모든 민영기업가들 앞에 놓인 어려운 문제로 런정페이 역시 피해가지 못한다. 런정페이는 여전히 열정으로 충만되어 있지만 그는 이미 환갑이 넘은 사람이다. 세월 앞에 장사가 없는 법이다. 나이가 들어가면서 그는 부득이하게 후계자 문제를 고민해야 했다. 어떤 제도를 수립하면 화웨이에 새겨진 '런정페이'라는 낙인을 지워버릴 수 있을 것인가.

화웨이의 규모가 꾸준히 확대되고 국제화에 가속도가 붙으면서 런정페이가 설령 날고뛰는 재주가 있다고 하더라도 혼자의 힘으로 환경과 시장의 변화를 모두 파악하는 것은 결코 쉬운 일이 아니었다.

1인 책략 체제는 또 하나의 문제를 만들었다. 그것은 바로 화웨이의 전략 수립에 투명도가 결여된다는 것이다. 집성제품 개발을 추진하는 IBM 고문, 거래업체 인증을 하고 있는 영국전신(BT)의 전문가 등은 모두 화웨이의 내부에는 상하가 자유롭게 소통할 수 있는 양방향 교류체제가 갖추어져 있지 않아서 상사의 의사는 몇 번의 전달 과정을 거치면서 완전히 변해버린다고 지적했다.

런정페이의 막강한 권력 탓에 화웨이의 고위층 역시 전략적 사고능력을 보유하지 못했고 장기적으로 수동적인 집행만이 습관화되어 있었다. 부하 직원들이 훌륭한 책략을 수립하지 못했기 때문에 런정페이 자신이 끊임없이 각종 책략들을 내놓을 수

밖에 없었다. 이것은 하나의 악순환을 만들었다. 런정페이 혼자 모든 결정을 직접 해야 했고, 온갖 업무에 둘러싸인 그는 여러 가지 전략적인 문제를 깊이 생각할 시간적 여유가 없었다. 한 고위층 관리자는 런정페이는 외국의 CEO들보다 몇 배나 더 바쁘게 일하고 있다고 말했다.

2001년 이후 런정페이는 변화를 꾀했다. 런정페이는 홍톈펑

뉘른베르크에서 열린 임베디드 세계 박람회 2016의 M2M 구역에서 만날 수 있는 화웨이 부스 ▷출처: Wikimedia Commons

런정페이, 경쟁의 지혜

(洪天峰)을 회사의 COO로 임명하고 일상적인 업무를 책임지도록 하여 자신은 보다 많은 시간을 화웨이의 미래를 구상하는 데 쓸 수 있도록 했다. 2003년 화웨이는 집단책략 체제를 시도하기 시작했고 EMT(집행관리팀)가 회사의 운영관리 책략을 책임지도록 했다.

그러나 오랜 기간 동안 런정페이의 책략에 따르는 방식에 습관이 된 화웨이의 대부분 핵심인력들은 집행형으로부터 책략형

● 화웨이와 샤오미 중 승자는 누구?

2015년 화웨이는 중국 휴대전화 업체로는 처음으로 삼성전자와 애플에 이어 연간 판매량 1억 대 이상을 의미하는 '1억 대 클럽'에 진입하였다. 이로써 화웨이는 점유율 8.4퍼센트를 차지하며 세계 휴대전화 업체 가운데 3위를 차지했다. 사실 중국시장에서는 샤오미(小米)가 2년 연속 1위를 차지했지만 2015년 4분기에는 화웨이가 샤오미를 추월했다. 앞으로도 대망의 중국시장 제패를 두고 치열한 경쟁이 벌어질 것으로 예상된다. 전 세계의 전문가들은 중국 기업이 삼성전자와 애플을 제치고 세계 스마트폰 시장에서 1위를 차지하게 된다면 그 주인공은 바로 화웨이가 될 것이라고 전망하고 있다.

으로 변해야 하는 문제에 직면했다. 고위층에 책략형 인력들을 점진적으로 영입하는 것은 화웨이 앞에 놓인 중대한 과제가 되었다.

'반드시'에서 '자유'로

화웨이의 첫 번째 창업은 기업인의 본능에 의해 기회를 잡기 위해 사활을 건 행위로, 런정페이는 제1세대, 제2세대 창업자들

하노버에서 열린 'CeBIT 2015'에 마련된 화웨이의 부스 전경
▷출처: Wikimedia Commons

런정페이, 경쟁의 지혜

의 분투와 탁월한 식견, 비범한 담략으로 작은 회사를 큰 규모의 기업으로 발전시켰다. 두 번째 창업은 바로 지속가능한 발전을 목표로 10년이라는 시간을 들여 각종 업무들의 국제화를 실현하도록 하는 것이었다. 두 번째 창업과정에서 화웨이는 개인의 영향력을 약화시키고 전문적인 관리를 강화하였다.

기업이 개인의 영향력을 약화시키고 전문적인 관리를 강화하려면 고위층의 민주주의를 점차적으로 실현해야 한다. 화웨이가 실시하고 있는 위원회의 민주책략, 부문 책임자 사무회의 집단관리의 원칙 등은 고위층들이 집단적인 지혜를 발휘하게 하고 고위층 민주주의를 실현하는 중요한 조치이다. 경험이 풍부한 행정인력, 베테랑 전문가 및 관련된 여러 행정기능 부문의 책임자로 조직된 위원회는 엄격한 선발과정을 통과한 위원들로 구성되었다. 또한 책략관리를 실시하는 과정에서 민주적인 원칙을 충분히 활용하여 리더 한 사람의 책략으로 발생되는 실수를 피하거나 감소시켰다.

기업이 오랫동안 생존할 수 있게 하는 중요한 점 한 가지는 회사의 핵심가치관이 후임자에 의해 계승되는 것이다. 후임자

또한 자기비판 능력이 있어야 한다. 〈화웨이 기본법〉에는 화웨이의 핵심가치관이 명확하게 서술되어 있다. 화웨이의 수천 명의 직원들은 그 가치관을 인정하고 실현하기 위해 애쓰고 있고, 가치관의 실천 과정 중에서 자신이 각급 관리자의 후임자로 성장하기 위해 노력하고 있다.